だから、スターバックスはうまくいく。

スタバ流
リーダーの教科書

毛利英昭
Hideaki Mohri

SOGO HOREI PUBLISHING CO., LTD

はじめに

なぜあらためて発刊することにしたか

数あるビジネス書の中から、本書を手に取って頂きありがとうございます。

本書は、２００５年４月に発刊した『勝ち組の人材マネジメント　スターバックスの急成長を支える自律型組織に学ぶ』の増補改訂版です。なぜ、15年以上も前に書いたものを、今さらあらためて刊行することにしたのか。その理由から説明させて頂きます。

実は、今でも当時の本を片手に連絡をくださる方がいます。会社を変えようと業務改革に挑む管理職の方や、「こんな組織を作りたいと思っている」と、付箋だらけの本を片手に尋ねてくださった経営者の方。このように、本書の内容に共感して参考にして頂いている方がまだいらっしゃると感じるからです。

本書の内容は、2003年9月に当時のスターバックスコーヒージャパン（株）のコーポレートHR部にインタビュー取材した内容が元になっています。また、2002年から2004年の間に行った店舗への取材内容も含まれています。

本書が、人材育成や組織改革に取り組む方々の少しでも参考になれば幸いです。

スターバックスの企業としての魅力

「どうしてあんなに楽しそうに仕事ができるのか――」

ある流通業の経営者の方からスターバックスについてこう尋ねられたことがあります。「彼らの笑顔とやる気の原動力は何か。一体どのように彼らを動機付けているのか」。その方はそれを知りたいというのです。私は、この一言をきっかけにスターバックスに強い関心を持つようになりました。

スターバックスが日本に1号店をオープンしたのは、1996年8月。私はそれ以前から米国のスターバックスを何度も利用していましたが、この時点で日本にこれほどのスピードで広まるとは予想だにしませんでした。

なぜなら、当時の日本の飲食業界は外食デフレの真っ最中。マクドナルドをはじめ低価格戦略に舵を切り、冷え切った消費者の関心を自店に引き寄せようと躍起になっていたところでした。

また、手頃な価格で利便性の良い場所にあるコーヒーショップも数多く存在し、新たな参入は難しいと思われるほど市場は飽和感に満ちていたのです。

こうした中でスターバックスが打ち出した価格が、消費者に簡単に受け入れられないのではないかという疑問を持っていたのは、私だけではないはずです。

さらに、経営効率という側面を考えた場合、スターバックスが1杯のコーヒーを売り店内で消費される時間内に、既存のチェーン店であれば10倍の効率で売りさばくだろうと思えたのです。


ところが、私の考えは極めて短絡的であることがすぐに証明されました。街にはスターバックスのカップを片手に談笑する若者があふれ、ビジネスパーソンはコーヒーの豊かなフレーバーと心地よい空間で、ひと時の休息をエンジョイしたのです。

スターバックスの店舗は瞬く間に増え続け、2000年2月に100店舗、2001年10月

【図表1】スターバックスコーヒーの日本における店舗数の推移

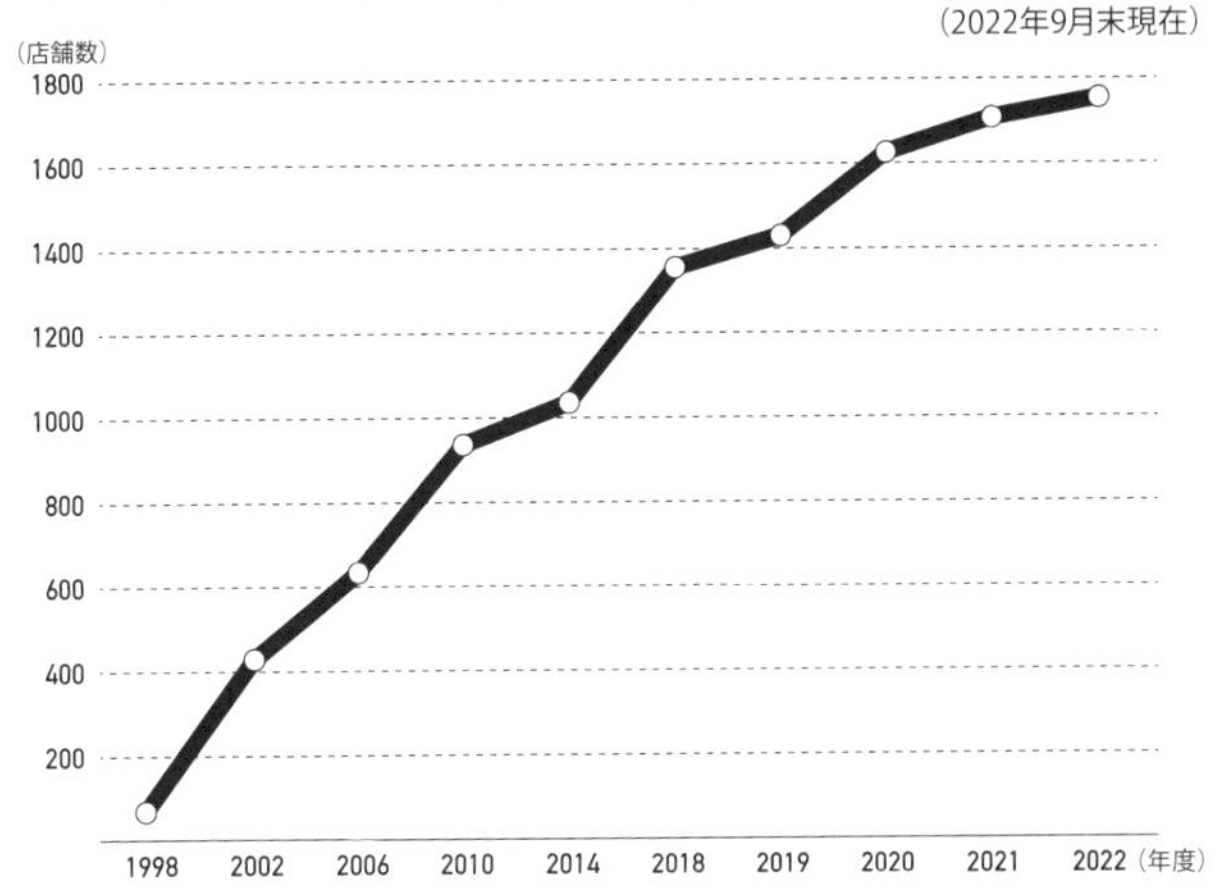

に300店舗。そして日本初出店から5年目の2001年10月に上場も果たし、2023年3月末時点で1811店舗にまで店舗網を拡大しています。

急速な店舗網拡大は多大な投資を必要としましたし、スペシャルティコーヒー市場への競合も増え、業績を著しく下げた時期もありました。しかし、出店戦略の見直しや食材などの調達プロセスの改革、そして何よりも店舗運営力を高めるための人材の育成に力を注ぎ、成長を支えたのが働く人一人ひとりであり、人材マネジメントの仕組みであろうと思います。

人材マネジメントにおける課題

多くの企業が、70年代、80年代と売上げを伸ばし、企業は成長し続けられるという確信の下、拡大路線をとってきました。

ところが、日本のマーケットは人口構造の変化や価値観の多様化などにより、企業戦略の転換を求められる時代となりました。成長前提の売上至上主義は通用しなくなり、「利益を上げること」こそが、企業の最終目的であり存在価値を示すものだとばかりに、本来、顧客を向いて最も力を注ぐべきところを、多くの会社のミドルマネジメントは、コストコントロールこそマネジメントだとでも言いたげに、コストカッターと化した時期もありました。

しかし、その結果残ったものは、何とかつじつまを合わせた財務諸表と従業員の疲弊感ということもあったように思います。

そして今、生産年齢人口の減少で人手不足が深刻化しています。中には、人手不足から営業時間を短縮せざるを得なくなる店も出てきています。人手不足は人件費増にもつながります。時給の引き上げや募集費のアップ、そして毎年上昇する最低賃金に社会保険適用拡大など、社会的な要請にも対応しなくてはなりません。

また、定着率も良くありません。せっかく一人前になってもすぐに辞めてしまうという悩みを抱える店は多いはずです。人は募集すればいくらでも集まる、時給さえ上げればきっと採用できるはずだ、といったこれまでのような考え方は通用しなくなりました。

人手が足りなくなると、しわ寄せは店長をはじめとした社員にきます。遵法精神を唱える企業の表向きの顔とは裏腹に、本部からの人件費圧縮の要請が厳しく、仕方なく店長がサービス残業、隠密出勤を繰り返しているケースも見受けられました。中には店長の1日の労働時間が連続して15時間を超え、休むことさえままならないといった状況の店もあったと聞きます。

このような店では従業員の笑顔など見られるはずもなく、仕事の質を高めることもできません。現状を何とかやりくりして運営し、しのいでいる状態です。

なぜこうした事態に陥ったのでしょう。時代背景や経営環境など表面的なことよりも、もっと深いところに問題があるように思っています。働きやすい魅力的な職場環境といえるのか、評価や処遇は公平で透明性が保たれているのか、やりがいを持たせるような努力をしているのか、能力や意欲を高める教育を実施しているのか、など、働き方改革が求められる中、人材マネジメント全般についてさらに見直す必要があるように思います。

人材マネジメントにも変化が求められる

流通サービス業の人材マネジメントを2つに分けて考えると、「指示命令型」と「自律型」に大別できると思います。

「指示命令型」とは、「何をすべきか」という方針や、「どのようにすべきか」という方法論を、逐一トップから末端へ指示して進めるやり方です。

多くの起業して間もない会社はこのタイプの典型で、トップが社員に対して自分の考えた通りに「何をすべきか」「どのようにすべきか」を逐一、指示命令します。

従って、組織は1人のトップによって動きが決まるため、カリスマ的な求心力と個人のマネジメント力によって組織の生死が決まります。

その後、次第に会社が大きくなり複数の店舗を構え、まさしくチェーン化すると、組織の末端にまでトップの目が届かなくなり、指示命令型の統制に限界が見えてきます。

そこで、繰り返し行われる作業を中心に、仕事の標準化（Standardization）、単純化（Simplification）、専門化（Specialization）を徹底し、誰が行っても一定水準の仕事の仕上がりの状態や品質レベルをキープできるように、マニュアルを整備し統制するようになります。

また、調達や商品供給、会計業務などは集中化（Centralization）することで、経営効率を高める仕組みを作るようになります。すなわち、「3S＋1C」といわれるチェーン経営システムになるのです。

こうしたマネジメントの特徴は、トップからボトムに向かって指示命令を中心に統制されることです。すなわち、何をどうすべきかが上から下へ伝えられ、その過程において役割別に分解され伝えられます。極端なことをいえば、末端の店舗へ届く情報は指示か命令のどちらか、ということさえ考えられます。

そこでは、「なぜこれをしなければならないか」といった理由や、「どうすれば効果的に目的を達成できるか」と考えることは、あまり要求されません。

マニュアルや指示書によって与えられた任務を粛々とこなし、その結果を上長がチェックして出来・不出来を判定し、改善要求を出します。マネジメントサイクルであるP（Plan）―D（Do）―C（Check）―A（Action）がきちんと回っているようですが、そこには〝WHY〟や〝THINK〟という部分がほとんど存在していません。

過去、多くのチェーンストアは、このようなセンターコントロールによる指示命令型の中央集権体制を敷いてきました。ところが、時代が変わりそれだけでは勝ち組になれないことが見えてきたのです。求められているのは、自律型の人材マネジメントによる組織形態です。

なぜ、自律型の人材マネジメントが求められるのか

どうして自律型マネジメントが必要だといえるのでしょうか。今までのチェーンストア理論を否定しているわけではありません。あくまでも時代の変化に合わせた、新しいマネジメントや組織形態のあり方を考えなくては、現状を打破することが難しい時代になってきたと考えているのです。その理由は4つあります。

①仕様書のない仕事であること

流通サービスの仕事には、製造業の仕事の進め方や情報システムの開発をする仕事などと違って、顧客からの要求仕様書や設計書は存在しません。特に接客サービスでは、お客様にいつどこで何を求められるかまったく予測がつきませんから、準備のしようもありません。それも突然必要になり、一瞬の機を逃すとその価値がなくなるのが流通サービス業の仕事です。

指示を仰ぐ暇などなく、ほとんどの場合、自分が良いと思ったことを自信を持って即実行す

ることを求められます。

②新しい価値観、やりがいを求める人が増えていること

終身雇用が崩壊し始めて、人材の流動化が進んでいます。それに伴い、一生この仕事で頑張ろうという若者は減っています。また、生活のために我慢して仕事をする、会社の命令だからつまらないことでもじっと耐えていた昔と違って、お金や安定よりもそれ以上に自分の夢や仕事へのやりがいを優先する意識が高まっているようです。

与えられた仕事をただ黙々とこなすだけではなく、自己実現を重視し自立した存在でありたいと願う人が増えてきているのです。

③曖昧化する消費者意識への対応が求められること

いつの時代にも言われることですが、消費者の意識がますます曖昧模糊として捉えどころがなくなってきています。ニーズが画一的だった物不足の時代とは違って、「自分らしさ」を大切にする昨今、型通りの対応では顧客に満足や感動を提供することが難しくなってきました。

そこで、マニュアルで定義することのできない、その場の状況や顧客の気持ちを考えた、臨機応変に、自分で考え対応できるスキルを持った人材が求められるようになってきたのです。

④変化への迅速な対応が求められること

ひと昔もふた昔も前のマスマーケティング、マスプロダクション、マスプロモーション、マスセールスの時代は終わりました。コンビニエンスストアのように、新商品の寿命がわずか2週間程度しかないというくらいに、きめ細かい変化への対応を求められるようになりました。

こうした現場の変化に対して、マス時代と同じような考えではとても対応できません。現場の変化に迅速に対応するには、金魚のように口をパクパク開けて本部からの指示待ちをしているようでは駄目なのです。自主的に考え、迅速に行動する人材の育成の必要性が増してきています。

これまでのマネジメントに足りないこと

多くの会社では、自主性を重んじながら今も指示命令型になっている会社が多いようです。トップマネジメントからは「何をすべきか」という基本的な方針や目標を示されるだけで、具体的に「どうやるか」についてはミドルマネジメントが考え、ボトムのオペレーショナルレベルに落とし込んでいます。

階層別にどのような役割と責任を担うかを職務要件によって規定し、数値目標を与えてその結果を評価対象とすることでマネジメントしています。

ところが、職務要件が形骸化して機能しなかったり、結果主義的な数値目標を与えるだけの放任的なマネジメントになってしまったりするケースもあるようです。

ビジョンや価値観をはっきりさせずに、業績数値だけを追いかけさせるようなマネジメントに終始したり、無理に何でも数値化したりすることに血眼になり、本来重要な数値化の難しい定性的な目標を見落とす。また何よりも、「なぜそのような取り組みが必要なのか」といった肝心なところのコンセンサス作りが足りないといったこともあるようです。

目指すのは自律型の組織

さて、スターバックスの目指す人材マネジメントスタイルはどうかといえば、「自律型」です。あえてマニュアルを作らずに現場のパートナーの自主的な判断に任せる運営を行うことで、顧客の多様性に対応する仕組みをとり、今までのチェーン店とはまったく違ったシステムを作り上げています。

マニュアルなどにより画一的に最も無難なサービスを提供するより、より良いものを求めて個々の社員の考えるスキルを伸ばすことを重視し、十分なスキルが身に付いた段階で権限委譲をすることで、パートナーに機動的な対応をさせることに成功しています。

権限委譲には任せる側にもリスクを伴いますが、スターバックスでは、トレーニングプログラムや支援体制を整えることで、権限委譲を強めた自律型組織を作り上げ、顧客対応の質的レベルを高めています。

従って、朝礼で「いらっしゃいませ」を大声で唱和したり、お辞儀をする練習をしたりといった、チェーン店でよく見られるような光景はスターバックスにはありません。また、多くのチェーン店のバイブルともいえる、接客に関するマニュアルも一切ありません。スターバックスの仕事は、80％がマニュアルレスで進められているのです。


また、教育システムについても、ワンウェイ型の一方的なものではありません。パートナー同士が教え合うことや、学ぶ人であり教える人でもあるというような、相互関係のシステムを構築し、「ラーナードリブン」（Learner Driven：主体的に学ぶ組織）を作り上げています。わずかな期間で1500店舗を超える直営店を展開したにもかかわらず、品質やブランドを脅かすような問題をあまり耳にすることはありません。

これだけの規模のチェーン店で、自律型の組織を確立し実践している会社は少ないのではないでしょうか。

スターバックスと同じ外食業界には、こうした自律型の人材マネジメントを実践しているように見える企業もあります。しかし、マニュアルレスなど表面的な部分で似ていても、それをしっかり支える仕組みが整っている会社はあまり多くないようです。

スターバックスでは、自律組織を作ることでパートナーと顧客の信頼関係を強固にし、熱狂的なファンを作り上げることに成功しています。その秘密はどこにあるのでしょうか。わずか10年足らずで、誰もが成功を疑った日本市場で、確固たるブランドを築き、急速な展開を果たし、今なお成長し続ける原動力はどこにあるのでしょうか。

また、1万人を超えるパートナーがいつも笑顔で楽しく働く姿は、どのような動機付けによって生まれてくるのでしょうか。

その秘密は、卓越した人材マネジメントシステムや人事制度にあり、それが正しく機能するための大前提として、企業観が大きく作用していることに目を向ける必要があります。

そこには「価値前提の経営」の姿が見えてくるはずです。

価値前提が絶対条件

「価値前提の経営」とは、どのような企業であるべきかという価値を明確にした上で経営を行うことです。価値や目的を明確にせずに、今この出来事にその場しのぎで対処したり、その時々の都合で対応したりするご都合主義の経営を「事実前提の経営」といいますが、スターバックスはまさしく価値前提の経営を実践しています。

実質的な創業者であるハワード・シュルツにより示された崇高な企業精神（ミッション・ステートメント）とブランドエッセンスを明確に打ち出し、企業風土としてのイデオロギーを浸透させてきた、ミッション・マネジメントの成果によるものでしょう。

スターバックスの成功は、新しい時代のチェーン経営の1つの方向を示唆するものであることは間違いありません。世間には、マニュアルのない経営などの表面的なところや、成長段階における過程の1つの断面ともいえる業績や株価だけに注目する方々も多いようですが、スターバックスの卓越性は、その精神や価値観、ビジョンなどだけでなく、厳しくしっかりとしたマネジメントシステムを確立しているところにあります。

本書では、断片的に伝えられ垣間見えてきたスターバックスの姿を、主に人材マネジメントの視点からまとめました。

執筆に当たっては、実際のインタビューと世間に公表されたスターバックスに関する文献や資料を参考にしています。そのため、一部の内容には改定されたものや、筆者の思い入れによって多少誤解していることもあるとは思いますが、少なくともスターバックスが標榜する人材マネジメントの思想と骨格については、お伝えできると考えています。

contents

3 理念に共感しベクトルを合わせる

4 人、人、人の経営

5 コミットメントを高める人材育成

contents

9 結束力の強い組織はこうして作る

装丁：木村勉
本文デザイン：別府拓（Q.design）
図表制作　クリエイティブ・コア・エージェンシー
ＤＴＰ：横内俊彦
校正：黒田なおみ（桜クリエイト）
編集：市川純矢

第1章 ミッションに基づく経営

スターバックスの経営哲学

「今日のスターバックスの原点は二つある。一つは一九七一年に創立されたスターバックス社である。最高級のコーヒーに情熱を注ぎ、一人ひとりの顧客に良質のコーヒーとはどういうものかを啓蒙することに専念する会社だった。もう一つは私がスターバックスに持ち込んだビジョンと価値観である。それは負けじ魂と全社員が共に勝利者となることを目指す断固たる決意にほかならない。私はコーヒーに自分の夢をかけ、不可能と思えることに挑戦し、斬新なアイデアで障害を乗り越え、目標を達成したかったのである。しかも優雅にかっこよく」

ハワード・シュルツ『スターバックス成功物語』（日経BP社）より

人材マネジメントは事業のビジョンに依存する

本書の狙いは、スターバックスの人材マネジメントに焦点を当て、その独自性や卓越性に学びつつ、これからのチェーン経営の人材マネジメントに求められる方向性を考えていくことにあります。

そこでまず、人材マネジメントとは何かについてはっきりしておきたいと思います。単に人を管理する仕組みというだけでは説明になりません。本書でいう人材マネジメントとは、「評価」や「処遇」の仕組みにとどまらず、採用から配属、異動などの「人材フロー」、人材育成や動機付け、キャリアプランなどの「人材開発」、そしてさらには「企業と従業員の関係」を含めた総合的なものと考えています。

さて、これからスターバックスの人材マネジメントについて考察していくわけですが、人材マネジメントとはそれ自体が独立しているものではありません。チャンドラーは、「組織は戦略に従う」と言いましたが、人材マネジメントも「こうなりたい」というビジョンがまずあって、「そのためにこういう方向で事業を行う」という経営戦略がなくては、「こんな人材マネジメントを行う」と決めることはできません。すなわち、**人材マネジメントはビジョンや事業の方向性に依存しているのです。**

そこでスターバックスの具体的なマネジメント像に迫る前に、この企業が大切にしている理念や価値観、あるいはビジョンを理解する必要があるでしょう。

企業組織の人材マネジメントとは、理念や価値観、使命といったものをベースに、その企業が目指すビジョンに向けて描かれた経営戦略に寄り添う形で、その達成を支えるためのものであるからです。そこでまず、スターバックスという企業が提供する価値について簡単に説明しておきます。

スターバックスが大切にする哲学

スターバックスの社内でよく用いられる哲学として「One Cup at a Time, One Customer at a Time」(一人ひとりのお客様に一杯ずつ心を込めてコーヒーをお出ししよう)という言葉があります。スターバックスコーヒージャパン本社の壁にも刻まれていますし、会社案内にもこの言葉が記されています。それほどに、この精神を守り続けることを大切と考えているのです。

【図表 2】人材マネジメントの対象

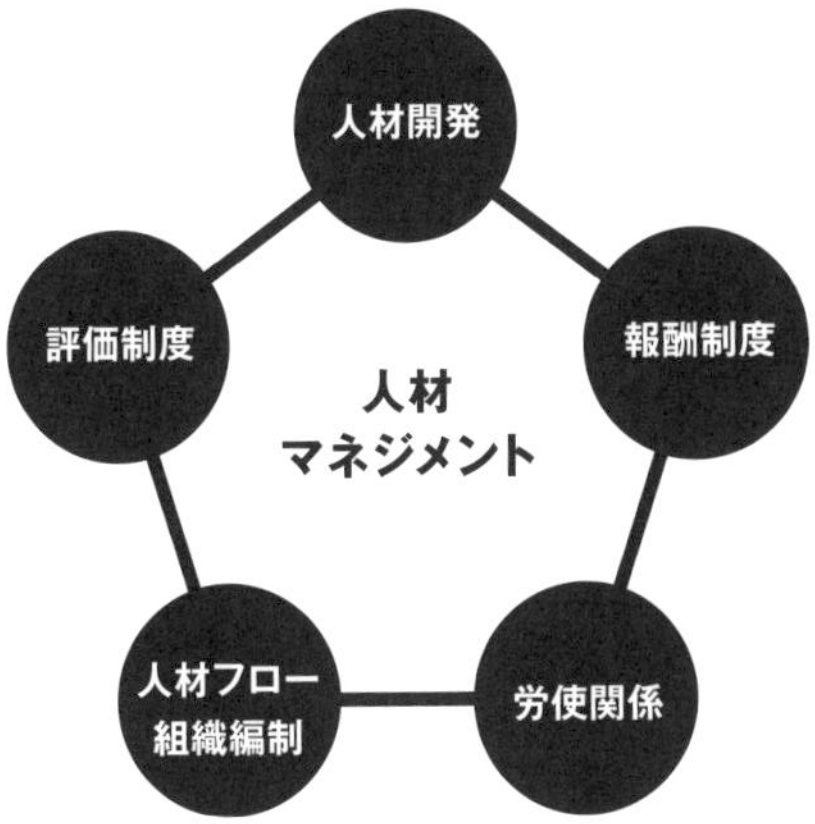

【図表 3】人材マネジメントの位置付け

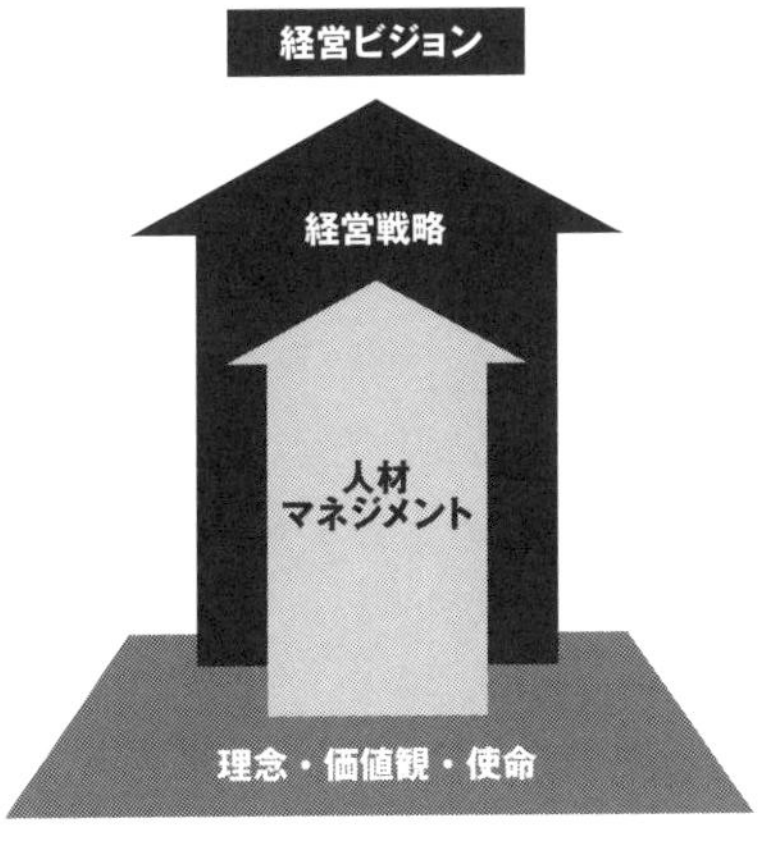

【図表4】ミッションステートメント

「スターバックスの使命は、会社として成長しながらも主義・信条において妥協せず、世界最高級のコーヒーを提供することである」

(1) お互いに尊敬と威厳をもって接し、働きやすい環境をつくる
(2) 事業運営上での不可欠な要素として多様性を積極的に受け入れる
(3) コーヒーの調達や焙煎、新鮮なコーヒーの販売において、常に最高級のレベルを目指す
(4) 顧客が心から満足するサービスを常に提供する
(5) 地域社会や環境保護に積極的に貢献する
(6) 将来の繁栄には利益性が不可欠であることを認識する

(注)内容は2003年の取材当時のもの

この言葉は日本でいうところの「一期一会」に当たります。「この瞬間は一生に一度しかないため、悔いの残らないように誠心誠意おもてなししなさい」ということであり、決まり切った作業としてではなく、お客様一人ひとりに一杯のコーヒーを心を込めて提供しようという気持ちを伝えるメッセージです。

スターバックスは、この哲学を守り抜くことを大切な価値観としたアイデンティティを持ち、経営理念であるミッションステートメントに根ざした経営を行っている企業なのです。

その心の支えとして経営の根幹をなすのが理念であり、最も重要かつ大切な思いが綴られているのが、「ミッションステートメント」です。

ミッションを最上位に掲げるマネジメント

ミッションに込められた思い

ハワード・シュルツは、「ミッションステートメントは、オフィスの壁を飾る記念品でも、単に希望を書き連ねたリストでもない。それはわれわれの信条を具体的な形で示したものであり、われわれが共有すべき指導理念の基礎となるものである」と語っています。**スターバックスは、このミッションステートメントに刻まれた理念と価値観を最上位に掲げ、経営戦略や組織目標を定め、それを実現するための短期的な目標やアクションプランへと展開し、体系的に組織全体をマネジメントしています**。すなわち、ミッション・マネジメントを実践する企業なのです。

実際、ミッションステートメントは、人材マネジメントや日常の仕事の中にも必要不可欠な存在としてパートナーの心にしっかりと刻み込まれています。

ミッションステートメントの中で特筆すべきは、(1)と(2)が「人」、それも従業員のために書かれた項目になっていることです。スターバックスの経営姿勢を最も端的に表現していて、「まず人がいてそれからビジネスが始まるんだ」ということをはっきりさせているのです。

続いてミッションステートメントは(3)「提供する商品」を語り、ハワード・シュルツがイタリアのエスプレッソバーで受けた感動を自分たちのビジネスで表現するために、品質に対して徹底的にこだわり、常に最高品質のレベルを目指し維持することを宣言しています。

そして、(4)「顧客の満足」と(5)「地域社会と環境への貢献」をうたい、最後に(6)「収益性」に言及しています。

もう少し詳しく見てみましょう。

(1)「お互いに尊敬と威厳を持って接し、働きやすい環境をつくる」という言葉によって、スターバックスは「ピープルビジネス」なんだということを明確にしています。

つまり、お客様に価値を提供する前に、まず生き生きと働くことのできる環境がなければ、最高のコーヒーを提供できないし、お客様に喜びや感動を与えることもできないことをはっきりとさせ、〝人が大切なんだ、働く環境が大切なんだ〟ということを明確に打ち出しています。

(2)の「多様性を受け入れる」とは、多民族国家であるアメリカならではの発想です。お客様は多様な考えや習慣を持っており、それを当たり前のこととして受け入れ、顧客や従業員の多様性や変化に対応できるように、柔軟性を大切にしようということです。

スターバックスには、接客サービスに関するマニュアルがありません。このことも、多様性や変化へ柔軟に対処する方法の1つの表れです。

ちなみに、多様性をダイバーシティといいますが、最近日本の多くの企業でもダイバーシティプログラムを作り多様性を受け入れ対応していこうとする動きが進んでいます。顧客に対してだけでなく、多様な考え方や意識を持つ従業員を尊重し、その個人の主義主張を積極的に受け入れ対応していこうと考え始めているのですが、スターバックスでは早くからそれを取り入れています。

次に、(3)「コーヒーの品質」について、ハワード・シュルツは著書『スターバックス成功物語』の中で「顧客の要求するものを提供するだけでは駄目なのだ。顧客の知らない物や最高級品を提供すれば、顧客の味覚が磨かれるまで多少時間がかかるかもしれない。だが、顧客に発見の喜びと興奮を与え、ロイヤルティを確立することができるのだ。優れた商品を提供しさえすれば、たとえ時間はかかっても顧客は必ずそれを選択するようになる」と語っています。

また、「スターバックスの使命は、最高級のコーヒーの世界一の供給者になること」とも述べていますが、それだけでは食料品雑貨店となんら変わらないとして、(4)にあるように、「顧客サービス」について言及しています。それも単にサービスということではなく、〝顧客との絆〟を作ることが大事なんだということをうたっています。

さて、ここまでできる会社になって初めて、スターバックスは社会への貢献ということを考えられるようになると、(5)「地域社会や環境への取り組み」を積極的に行っていこうと宣言しています。

そして最後に初めて(6)「会社の利益」について語り、企業は永続していく社会的責任があり、永遠に続いていく存在でなくてはならないというゴーイングコンサーン（Going Concern）という考え方を示しているのです。

誇りは信頼関係

ミッションステートメントに書かれた項目の順番には大きな意味があります。企業は「ゴーイングコンサーン」として存在し続けることが大切であるし、経営を任された株主に対する貢献も重要です。しかし、それを成しうるには、唯一利益をもたらしてくれる存在である顧客に愛され、支持され続ける企業でなくてはならないのです。つまり、**顧客第一に考え、顧客満足を追求しなくては、利益も生まれないし生き永らえることはできません**。

企業が存続するには、顧客が喜んで対価を払ってくれるだけの品質の商品やサービス、あるいは機能を提供しなくてはなりません。それを作り出しているのはビジネスプロセスそのもので、そのプロセスを回しているのは結局のところ人なのです。

つまり、人がしっかりとしていなくては、ビジネスプロセスは正しく機能せず、良い商品やサービスを顧客に提供することができないし、社会への貢献も難しくなります。もちろん、利益も生まれません。

こうした連鎖反応的関係があることも、スターバックスのミッションステートメントは教えています。

【図表5】ミッションステートメントのつながり

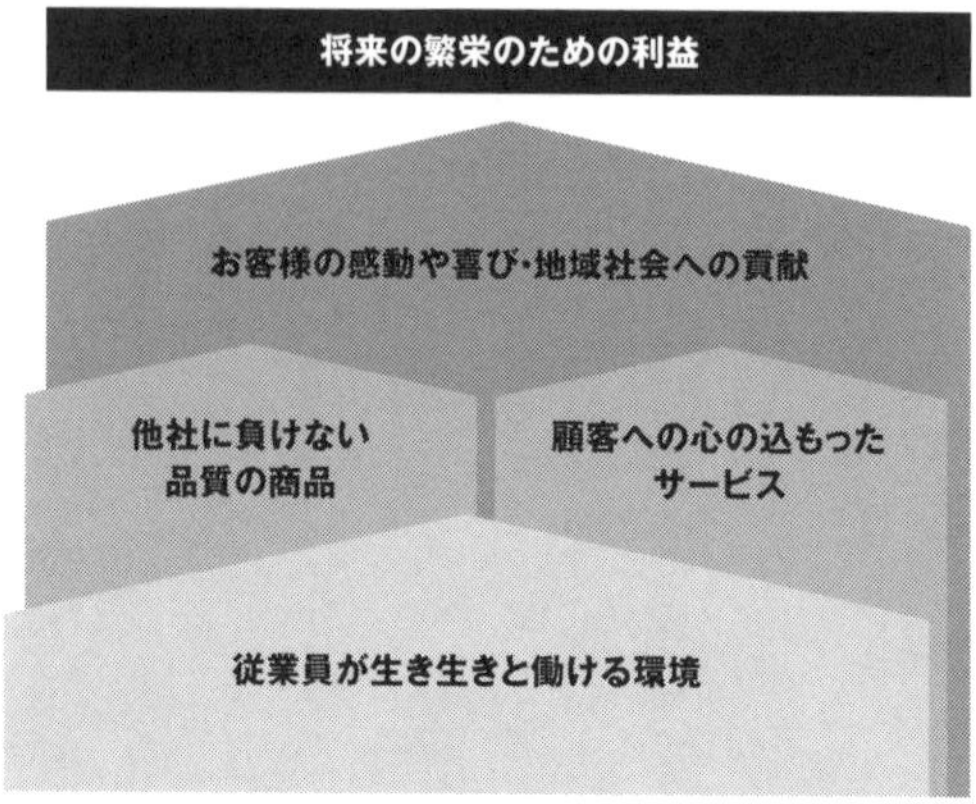

こう考えるのは自然なことに思えるのですが、業績が苦しくなれば、どうしても目先の数字を追わざるを得なくなり、ミッションステートメントの順番とは逆に、まず利益を上げることを目標とし、いかにコストを下げるかが至上命題になってしまい、無理に原価を抑えたり、人を減らしたりすることに血眼になりがちです。それが大切な顧客の満足度を下げ、従業員や顧客からの信頼を失うようになるのを知りながら、目の前の利益だけを追うような経営になっている会社は多いのではないでしょうか。

ハワード・シュルツは、「私がスターバックスで成し遂げた最も誇れることを一つ挙げるとすれば、会社で働いている人たちとの間に築いた信頼関係である」と語っています。

スターバックスは、「まずこれが大切なんだ」という信念を持つこと、それをミッションとして宣言し、この理念をすべての仕事に反映し、貫き通す経営を行っています。すなわちミッション・マネジメントを実践する企業なのです。

個人の自律を前提とした組織を目指す

スターバックスにはマニュアルがほとんどありません。高い顧客満足で支持されている企業ですが、それは複雑なマニュアル管理によってではなく、「ミッションステートメント」を憲法として、自分は今何をすべきなのか、マニュアルに頼らず、どうすべきかを自分で考えて行動する人たちによって支えられています。

ピラミッド構造の組織の中で、上から下への指示・命令によって統制されるのではなく、ミッションによって一つに結ばれながら、自分で判断し、自らが率先して行動する自律型の組織を、スターバックスは作っています。こうした結束力の強い組織とは、信頼関係でしっかり結ばれています。**これからは、スターバックスが目指す組織のように、お互いに尊敬し合い、信頼し合うことで強く結ばれた組織というものが求められるのではないでしょうか。**

それだけに、ミッションステートメントをすべてのパートナーが理解し、実践することが組織マネジメント上の重要なポイントになります。そこに書かれているのは、「会社の言うことをよく聞いて、言うとおりに働きましょう」といったことではありません。「**社員が互いに尊敬と威厳を持って接する**」ということです。

この宣言通り、働く人同士が強い信頼関係を結び合い、ミッションを求心力にその価値観に共感する人だけを採用し育て、組織が目指すビジョンや目標に対してベクトルを一つに合わせることを重視しています。そして、共感によってパートナーの心を一つにしてこそ、結束力の強い組織を作り上げことができる、と考えているのです。

スターバックスは、「心が変われば態度が変わり、態度が変われば習慣が変わり、最終的に自分が変わる」と、一人ひとりのパートナーの心に火をともし、価値を伝播して共有することを大切にしている会社です。結束力の強さの源泉である「人間を尊重する」企業文化を醸成し、一人ひとりの力を結束させることで組織的能力を高めています。

さらに、このスターバックスの競争力を左右する経営理念や企業の価値観を組織の末端まで徹底するために、さまざまなシステムを作り上げています。そうした人材マネジメントを確立することで、「企業文化」や「企業理念」という高度に抽象化された概念を、スターバックスでは隅々まで浸透させ、企業の独自性と競争優位を確立しているのです。

信念を持ち目標を高く掲げる

壮大な夢へのチャレンジ

スターバックスは、将来の大きな目標である「**BHAG**」（Big Hairy Audacious Goals）として、「心に活力と栄養を与えるブランドとして、世界で最も知られる、尊敬される、朽ち果てることのない偉大な企業になること」を掲げています。

BHAGとは、『ビジョナリーカンパニー』（日経BP社ジム／コリンズ、ジェリー・ポラス著）で紹介されたもので、**会社が目指すべき方向を単純明快で分かりやすく力強いメッセージとして伝える「社運を賭けた大胆な目標」のこと**をいいます。それは、実行が100％達成可能な目標ではなく、50～60％の可能性しかないほど困難な目標ですが、ポラスはそのような大それた目標を、まざまざと描写することが重要だとしています。

例えば、有名な逸話として、ケネディ元米国大統領の掲げたＢＨＡＧがあります。ケネディは、大統領就任直後にＮＡＳＡに対してとてつもなく大きな命題を与えました。それは、１９６０年代のうちに月に人間を送り込むという目標でした。当時、月に人間を送り込むことは達成の可能性が低いものでした。しかし、そうした目標も言い続けることによってエネルギーが結集され、潜在意識の中に刷り込まれ、信じればできるという確信にまで高められるのです。

ポラスの説明では、当時のＮＡＳＡで庭の掃除をしている人に「あなたは今何をしているのですか？」と尋ねると、「私は、月に人間を送り込む仕事を手伝っているのです」という答えが返ってきたという逸話まで生まれたといいます。

ＢＨＡＧを掲げ、それを目指し続けたことで大きな飛躍を遂げた会社はいくつもあります。ＩＢＭ社の創業者トーマス・ワトソン・シニアは、独立してまだ日も浅い事務用品を販売していたちっぽけな会社であったにもかかわらず、「International Business Machines」（ＩＢＭ）と、ＢＨＡＧにちなんで社名を決めました。

また、１９６０年代のＩＢＭ社の３６０システム開発計画や、ボーイング社のボーイング７０７型機、７４７型機、７７７型機なども、ＢＨＡＧを掲げてエネルギーを結集させることで、達成困難な目標を実現させた事例です。

アテネオリンピックのハンマー投げ金メダリストの室伏広治氏は、「目標が高くなれば意識も高くなる」と、高い目標が人を引っ張ると説明しています。

ハワード・シュルツも自ら掲げたＢＨＡＧを組織全体に浸透させ、従業員共通の目標としてベクトルを合わせ、一人ひとりの意識を高めていました。それがスターバックスを成功に導いたのではないでしょうか。

スターバックスのミッションマネジメントの概念

スターバックスという会社を樹木に例えて、その全体像を説明しましょう。スターバックスが目指すＢＨＡＧを、成長し大きく育った大樹で例えてみましょう。

その壮大な目標に向かって組織を動かす原動力として大地に踏ん張る「根」こそ、ミッションステートメントです。どんなに風雨が強くてもゆるがない信念がそこにはあります。

根から栄養素を吸収する良質な土壌ともいえるのは、「**コンピテンシー**」や「**スタースキル**」といわれるものです。スターバックスのコンピテンシーとは、ミッションステートメントを具体的な行動指針として表したもので、スタースキルもまた、ミッションを重要視する人が日常の中で大切にしたいと思う指針です。

そして、木を覆いつくして成長を助ける空気は「イデオロギー」（思考傾向）や「アイデンティティ」（自我）のことです。働く仲間を大切にする心やお客様に驚きや感動を経験してもらいたいという気持ちが、スターバックスの提供する価値の中核にあり、「感動経験を提供して、人々の日常に潤いを与える」という「コア・イデオロギー」もまたブランドを支えています。これらについては、後述します。

さて、ＢＨＡＧに向かうスターバックスのパートナー一人ひとりを苗木に例えれば、まく種にも個性があります。それぞれの個性に合わせてあるべき姿に近づけるプロセスは特に重要であり、その役割はファシリテーターやコーチが担います。彼らは、その苗木に水を与えたり陽に当たる向きを変え、時には枝打ちをするなどして、目標とする形に育てていく手助けをします。そのプロセスの中に教育システムなど数々の人材開発制度が組み込まれているのです。

身近な目標を設定し自分自身を高めていくのは、「ＭＢＯ」（Management by Objective：目標管理制度）です。**目標を持ち、それを達成しようという強い意志が成長を促進させます**。スターバックスにとっても働くパートナーにとっても、目標とは活力を与える太陽の光のようなものです。目指す目標があるから仕事にやりがいが生まれますし、それに向かって頑張ろうと

【図表6】スターバックスのミッションステートメントの概念

(1) お互いに尊敬と威厳を持って接し、働きやすい環境を作る。
(2) 事業運営上の不可欠な要素として多様性を積極的に取り入れる。
(3) コーヒーの調達・焙煎・流通において、常に最高級レベルを目指す。
(4) お客様が心から満足するサービスを常に提供する。
(5) 地域社会や環境保護に積極的に貢献する。
(6) 将来の繁栄には利益率の向上が不可欠であることを認識する。

する意欲も出てきます。こうしたもの全体がスターバックス特有の企業風土を形作り、そこに育った木に実った果実こそ、店舗でありパートナーと呼ばれる従業員たちであるとイメージしてください。

ミッションの浸透

- **マニュアルによって個人の仕事や意欲を縛るのではなく、パートナー一人ひとりを尊重し、働きやすい環境を作ることで、パートナー自身がスターバックスを好きになり、仕事に打ち込める職場を作ること**
- **パートナーに対してもお客様に対しても尊敬の念を持ち、誇りと威厳を持って接すること**
- **相手の個性や多様な考えを受け入れ、自分自身が変化し対応すること**

このようなミッションステートメントに記された精神を隅々まで行きわたらせるために、スターバックスではさまざまな取り組みを行っています。そのいくつかを見てみましょう。

ビジョンを深く理解してもらうために、サポートセンターから定期的に「マネジメントレター」というメッセージが出されています。レターには役員などが店に行って感じたことと共に、ビジョンに関するメッセージが繰り返し書かれているそうです。繰り返すことで意識の中に刷り込んでいくのでしょう。

また、ミッションステートメントに沿って進められているかを確認するのが「ミッションレビュー」という制度です。パートナーに「ミッションレビューカード」を配り、会社の決定がミッションステートメントに沿わないと思った人は、カードにその旨を記入して、ミッションレビューチームに提出し、自分の考えを伝えるのです。いわば目安箱のような存在ですが、日本企業の中で会社の理念通りに進んでいるかを従業員がチェックし、意見を述べられるような制度を持つ会社は極めて少ないでしょう。

また、パートナー一人ひとりが設定する目標についても、ミッションステートメントの精神を元に、自分で考え業務目標を設定します。**目標は与えられるのではなく自ら考えて設定されるものとしています**。そして、考える過程の中でミッションを確認するのです。

その内容や評価については、後ほど詳しく紹介しますが、目標設定やそのフォローの過程においても、自分たちの仕事の進め方や提供する価値が正しく顧客に伝わっているかなどについて、上長とディスカッションします。そこでもまた、ミッションステートメントに刻まれた理念を深く理解させるように経験を積んでいきます。

そしてさらに職場以外でも、パートナーが自主的に企画・運営する集いの場「ハート・オブ・スターバックス」（Heart of Starbucks）があり、月に1回程度、10数カ所のエリアでワークショップが開かれます。そこでは、日常の仕事の話題から、ミッションや価値観、そして人生までさまざまなテーマが寄せられ、その場に集まった人たち同士が幅広く自分の思いを語り話し合う中から、パートナー同士の絆を深め、価値観の共有が行われるといいます。

さらに続けるなら、「One Cup at a Time, One Customer at a Time」という哲学や、後述する「感動経験を提供して、人々の日常に潤いを与える」というコア・イデオロギーも、「Just Say Yes」という精神もすべて、ミッションステートメントにある理念につながる言葉です。

こうした言葉が身の回りで当たり前のように行き交い、パートナーの心に深く刻まれることで、自分がどう考え行動すべきかという基準が固まっていきます。

ミッションステートメントは、事業所の壁に額に入れて飾られているわけでも、ポスターとなって貼られているわけでもありません。身近なところで毎日何げなく耳にしたり考えたりする機会を増やしていくことで、体験を通して理解を深め浸透させているのです。

第2章

ブランドを支えるアイデンティティとイデオロギー

ブランドエッセンス

「永続性のある卓越したブランドを築くための第一の要件は、魅力的な製品を持つことだ。これに代わるものはない。スターバックスの場合、製品は単なるコーヒー以上の意味を持っている。顧客がスターバックスを訪れる理由は、コーヒー、社員、店での体験の三つなのである」「われわれはブランドの確立を目標に掲げたことはない。われわれの目標は、素晴らしい企業を築き上げることだった。何かを目指す企業、製品が本物であること、社員が情熱を抱くことに価値を見出す企業。そういう企業を目指してきたのだ」

ハワード・シュルツ『スターバックス成功物語』(日経BP社)より

ブランドを支えるコア・イデオロギー

スターバックスは、常にブランドを大切にして高めることを目指している企業です。ブラン

【図表7】スターバックスが提供する商品

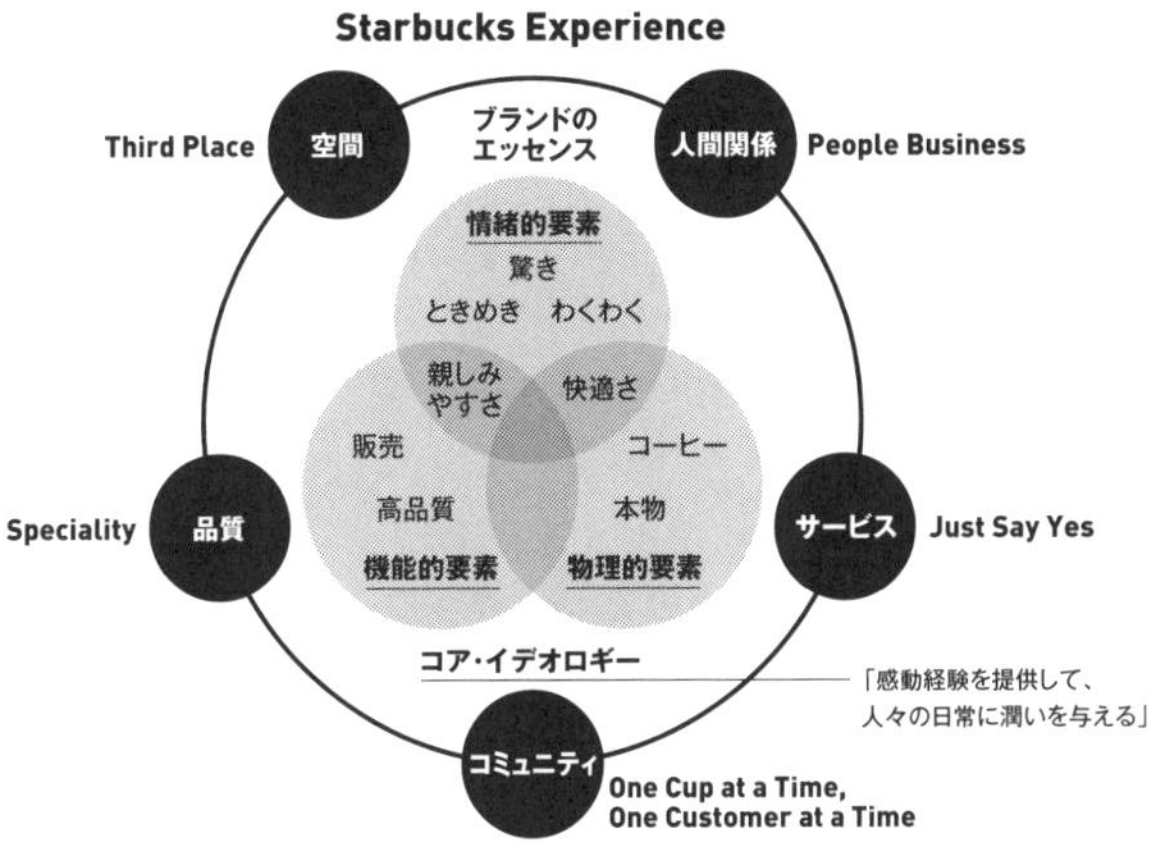

ドを辞書で引くと、「(焼印の意)商標。銘柄。特に、名の通った銘柄」とあります。しかし、こうした解釈では今の時代のブランドを十分説明できていません。現代のブランドに対する解釈はさまざまですが、一言で言えば社名や商標とは、その企業やその企業の製品が持つ精神や価値観を連想させるものではないでしょうか。

その価値観を形成するのは、社会にその企業の商品やサービスを連想させる独自のアイデンティティやイデオロギーです。

スターバックスは、ブランドを支えるものがコア・イデオロギーであるとし、「感動経験を提供して、人々の日常に潤いを与える」という考え方を大切にしています。それを実現するためにコーヒーと空間、そして人の3つが関わり、それによって顧客が得られる感動や発見、快適さや親しみこそが、ブランドを作り上げているエッセンスであると考えています。

もう少し噛み砕くと、人、空間、コーヒーを組み合わせることで、「スターバックスでしか味わえない経験」、つまり「スターバックス・エクスペリエンス」を提供すること、これこそがスターバックスが提供する商品なのであり、「感動体験を提供して、人々の日常に潤いを与える」というイデオロギーを持つことでそれを実現しています。そして、店舗はそのブランドを確認する「場」であり、「広告塔」として存在すると考えているのです。

サードプレイスという新しい着想

ブランドを広める場所

なぜスターバックスに足を運ぶのか。米国のスターバックスには、月に16、17回も利用する優良顧客がたくさんいるといいます。単においしいコーヒーを飲みたいというだけなら、同じ水準のコーヒーを提供する店でもいいはずです。近くで一休みしたいというだけなら、ファストフードショップはいたるところにあります。それでもスターバックスに行くのは、明らかにスターバックスでしか味わえない経験を顧客は求め、楽しんでいるからでしょう。

スターバックスは、自分たちの店を「サードプレイス」（Third Place：第三の場所）と位置付けています。家でもオフィスでもない存在、その中間にある場所に新しい存在意義を打ち出したのです。それは「忙しい一日の疲れを癒し、自分だけの時間を過ごせるくつろぎの場所」

といった〝手の届く贅沢〟（Affordable Luxury）を味わう場所であり、「大切な人と語らうためのとっておきの場所」、すなわち〝ロマンチック〟な場所でもあります。

また、「日常のストレスから開放される場所」としての〝オアシス〟であり、「友人や仲間と集う社交の場」として〝ふだん着の交流〟を楽しむ場でもある、というのがサードプレイスのコンセプトなのです。

実際、顧客はさまざまな経験を楽しんでいます。ある女性は、「足を組みカップを傾け、髪をかき上げる自分の姿をウィンドーに映すことで、自分を素敵だと感じ、その瞬間に酔う」と笑って話してくれました。

また、「毎朝、出勤前にスターバックスに立ち寄り、ほろ苦いコーヒーを口にしながら、今日一日の仕事の段取りを考えるとき、自分がライバルよりも一歩先に行ったような気分になる」というビジネスマンもいます。慌ただしく、ホットドックを頬張りコーヒーで流し込み、駆け足でオフィスに向かう自分ではなく、スターバックスで過ごす自分に喜びを感じているのです。

毎日家事に追われ、休まる暇のない主婦も「まるでドラマの主人公になったような気分を楽しむことで、友だち同士と一緒にいるとすっかりくつろいで時間を忘れてしまう」――。芳香なコーヒーとフレンドリーなもてなし、そして居心地のいい空間でのひとときを楽しんでいます。

【図表8】サードプレイスで得られる体験

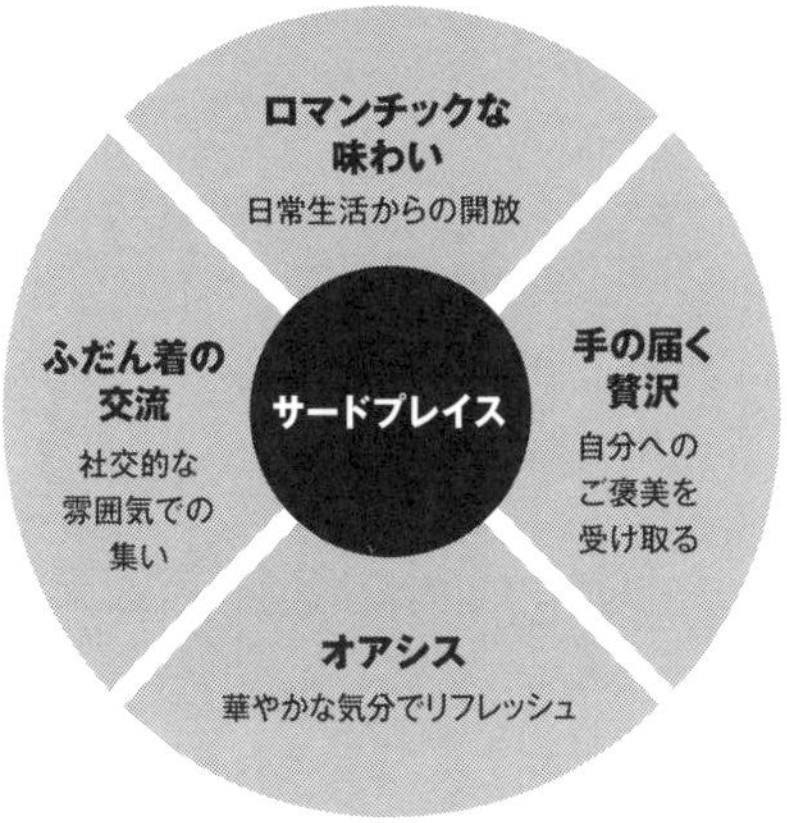

スターバックスは、顧客に対してゆったりと自分らしく過ごすことができるオアシスのような空間で、「スターバックス・エクスペリエンス」（スターバックスでしか味わえない経験）を提供してくれるのです。

日本人を共感させたコンセプト

世界中の国にスターバックスが受け入れられるとき、きっと世界は平和になっていることでしょう。スターバックスが提供するコーヒーは、生物として生きるための最低限の栄養を与えるものではありません。心に活力を与える栄養素です。スターバックスを受け入れられる国は、豊かで平和な国に違いないのです。

日本でこれほどスターバックスが成長したのは、日本が平和な国で、人々によるモノへの欲求が満たされ、心の欲求を求める時代になり、スターバックスのコンセプトとマッチしたからではないでしょうか。

日本人の欲求は、「自分磨き」や「思い出づくり」といった心を満たすものへと移ってきています。また、個の時代といわれる中、多くのストレスを抱え、「仲間同士の集い」が心の栄養となる時代に、「サードプレイス」というコンセプトを持ったスターバックスは、求めていたものを目に見える形で示してくれたといえるでしょう。それも、誰でも少しだけ背伸びすれば届くところで体験できる、〝手の届く贅沢〟として。この言葉は、今の日本人の心をつかむ重要なエッセンスといえるでしょう。

最近、スローフードという言葉が流行しています。そこにあるのは、長い歴史の中で郷土に根付き、培ってきた食文化を大切にするという動きと、食を通して心の豊かさを取り戻そうという動きの2つの意味が込められています。

スターバックスの提供する「手の届く贅沢」とは、こうしたスローフードの精神にも重なるのではないでしょうか。

習慣化して日常に溶け込む

スターバックスが日本に上陸した当初は、多くの生活者に衝撃を与えました。しかし、店舗数が増え、いたるところにスターバックスを目にする今、最初の感動体験は少しずつ薄らいでいます。

それでもスターバックスは、顧客や市場の多様性に応えて次々に新しい経験や発見を提案し続けます。

例えば、店内で流れる音楽がふと気になったとき、レジカウンターの横にさりげなくCDが置かれていたり、サインボードに何げない一言が書き加えられていたりすることが新しい発見となって顧客に届きます。

また、駅構内や空港の中、ホテルのロビーなど意外なところで新しいスターバックスができています。暖炉のある店や、パーソナルカップを洗える場所を備えた店もあります。このように、スターバックスは常に新しい発見を提供し続けているのです。

こうした何げない変化は顧客に伝わっていますが、日常的に利用する機会が増えるにつれ、やはり驚きや感動は徐々に薄れていきます。スターバックスが身近な生活の中で当たり前の存

【図表9】進化するスターバックスでの経験

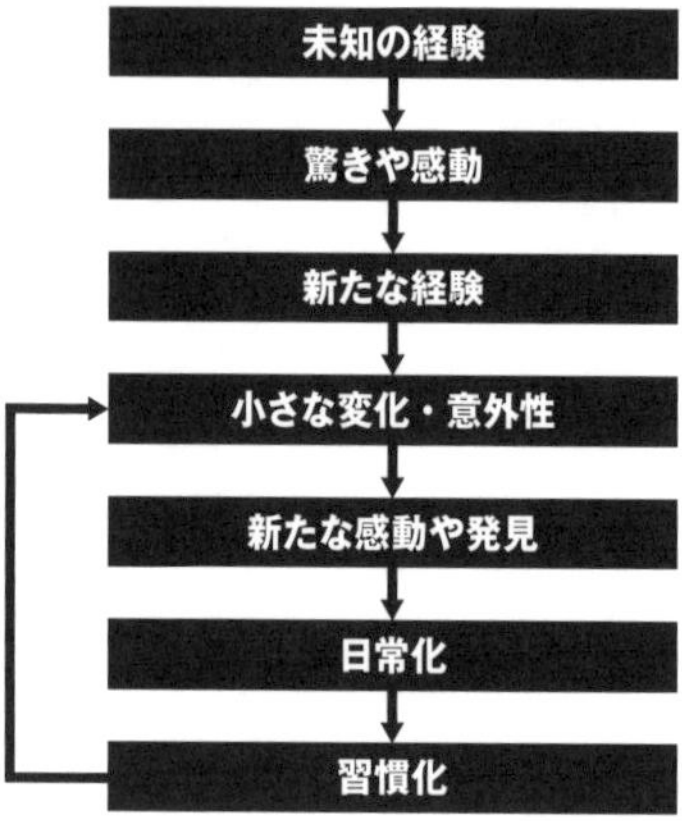

在となり、〝非日常性〟は弱まっていきます。

しかし、新しさや驚きが失われる半面、スターバックスが身近にある生活が習慣化してきています。それは、スターバックスが目指している〝街の集いの場〟、すなわちコミュニティであり、オアシスとなって定着していくということなのでしょう。

良好な人間関係を築くキーワード

マニュアルレスで多様性に対応

スターバックスの哲学を表す「One Cup at a Time, One Customer at a Time」という言葉には、人間同士のふれあいや信頼関係を大切にしようというメッセージが込められています。言葉そのものの響きは優しいのですが、スターバックスというブランドを高めていく気概が込められた力強い言葉です。

この言葉からは、この一瞬で顧客を魅了してしまうような感動を与えよう、という思いを強く感じます。

「Moment of Truth」という言葉があります。日本では「真実の瞬間」と訳されましたが、その本来の意味は、「闘牛でとどめの一突きをする瞬間。決定的瞬間。正念場」と辞書にあります。闘牛士が鋭い剣を持ち全身全霊を込めて牛に打ち込む最期の一瞬のことです。そのくらいの気迫や情熱を持って顧客に向き合わなければ、感動や驚きなどを提供できるはずがありません。

「One Cup at a Time, One Customer at a Time」には、その響きと同じ思いが込められているのではないでしょうか。

さて、このように顧客に対して他社では味わうことのできない感動を表現することは、魂の込もらないマニュアルに従っていてはなかなか実現できません。

スターバックスでは、顧客の多様な要望に即座に応えるには、パートナーがどのようにお客様に接するべきか自分自身で考え、顧客に対する多様なサービス形態を個々に作り上げていく方がよいと考えています。**何でもマニュアルにしてしまう必要はない**ということです。

実際スターバックスには、バリスタのレシピマニュアル以外、サービスに関するマニュアルはありません。情緒的サービス要素は、機能的サービスと違って、こうすればよいと決めることや定量的に表すことはせず、言葉にしにくいためマニュアル化が難しいものです。

ですから、**パートナー一人ひとりが自分で良いと思うことを自分で判断し、行動することを大切にしています**。

実際、スターバックスの店に入って来たお客様に、「いらっしゃいませ」と言う人もいれば、「こんにちは」と言う人もいるため、対応はさまざまです。彼らの対応を見れば、「両手を前で重ねてお辞儀は60度の角度で、にっこり笑ってはっきりと大きな声でいらっしゃいませと言いましょう」とは教えられていないことは明らかです。

接客対応は、バラバラというよりも、一人ひとりがお客様にどのような態度を取ればよいかを、自分で考え、自分のスタイルで行動しています。ですから、自然な印象を受けるはずです。

マニュアルやルールにがんじがらめにされて働いている人の中には、任されることをうらやましく思う人がいるかもしれません。確かに**自分の裁量で判断できることの喜びとやりがいは大きいのですが、そこには責任が必ずついて回ります。この部分を自覚できない限り、マニュアルをなくすことはできません。**案外マニュアルがあり、ルールがはっきりしている方が、仕事はやりやすく楽な場合が多いものです。

「こうしてください」と決められたマニュアルがないということは、自由ということではありません。そこにあるのは、最良の方法を考えて実行しなさいという権限委譲の精神です。そこには、任せる側と任される側の信頼関係に加えて、何がベストであるかを判断する良識が求められます。

この考え方は、米国の高級百貨店ノードストロームの精神に通じるものがあります。ノードストロームの就業規則には「どんな状況においても自分自身の良識に従って判断すること。それ以外のルールはありません」とあるそうです。

スターバックスにしてもノードストロームにしても、店というチームは自分で良しと思うことを自分で考え行動する、つまりは**自律型の組織形態**をとっています。

しかし、スターバックスにマニュアルがないからといって、単純に真似することはできません。レストランの調理工程は複雑ですし、テーブルサービスでは守らなくてはならない最低限のマナーやルールもあります。またコンビニエンスストアやスーパーマーケットでは、数千から数万アイテムの商品管理をタイムリーに行わなくてはなりません。これらのビジネスに比べてスターバックスのビジネスは、機能面だけを見れば非常にシンプルです。だからこそ、マニュアルに頼る部分が少なくて済むという面があるのも事実です。

それでも、顧客の期待レベルは高まり多様性も重要になる中、マニュアルに頼ってばかりでは、顧客の心をつかむことは難しい時代だと誰もが認識しています。だからこそ、スターバックスがマニュアルに頼らず、個々の自主性に任せるマネジメントをすることに対して、「どうやってルールを守らせるのか」「どうやってサービスクオリティを落とさないようにしているのか」「勝手にやらせていては店がバラバラになってしまうのではないか」といった声があちこちから聞こえてくるのです。

確かに、表面的にはそのようなことが危惧されるはずです。しかし、野球チームとサッカーチームを比べてみてください。一球一打について指示を出し、コントロールするのが野球チームであるのに対し、サッカーチームは一度ピッチに入ればベンチからのコントロールはほとんどできません。

サッカーは、野球以上にまとまりを要求されるスポーツです。チーム運営だけを見れば、野球は機能を中心にチームをまとめていますし、サッカーはメンバー同士の阿吽の呼吸でチームをまとめています。しかし、サッカーにも組織を統制するシステムは存在します。勝手にプレーさせているわけではありません。

これまでの日本の企業の多くは野球チームを作ってきたわけですが、スターバックスはサッカーチームを目指したと考えると分かりやすいでしょう。

理想的なコミュニケーションのあり方を示す

スタースキルスターバックスの強みであり、他社との違いを強く感じるのは、顧客とパートナー、そしてパートナー同士の信頼関係です。

スターバックスでは、理想的なコミュニケーションを求めてパートナーが身に付けるべき技能として、3つのコミュニケーションスキルを掲げ、それを「スタースキル」と呼んでいます。ミッションステートメントに誠実に行動するためには、こういう気持ちを持って行動してくださいという簡単な決め事です。

❶自信を保ち、さらに高めていくこと
❷相手の話を真剣に聴き、理解する努力を怠らないこと
❸困ったときには助けを求めること

まず、「自信を保ち、さらに高めていくこと」とは、仕事に対しての誇りを示しています。

つまり、自分たちはコーヒーを通して、お客様に驚きや感動、安らぎなどの価値を提供してい

【図表10】ミッションステートメントの意義

価値観の浸透と行動

ミッションステートメント

↓

スタースキル

① 「自信を保ち、さらに高めていくこと」
② 「相手の話を真剣に聴き、理解する努力を怠らないこと」
③ 「困ったときには助けを求めること」

↓

自己一致 → 傾聴 → 共感的理解・肯定的理解 → 相互理解 → 相互信頼

↓

「スターバックス・エクスペリエンス」
新しい自分の発見

↓

真のコミュニケーションとホスピタリティ精神に気付く

る自負を持ち、仕事に励もうということです。

2つめにある「相手の話を聴く」というスキルは、単に聞いてあげるということではありません。耳を傾け、積極的に聴き入ることを意味しています。カウンセリングやコーチングで言うところの〝アクティブ・リスニング〟（積極的傾聴）です。

これはカール・ロジャースが考え出したカウンセリングの基本である「来談者中心療法」の中の技術で、最も重要なスキルです。

相手の話を積極的に聴くことは、相手の話している文脈をよく理解するということです。それを深めていくと、相手の気持ちを理解したり、相手の立場になって物事を考えたりすることにつながります。すなわち、仕事で重要なホスピタリティを大切にするということになるのです。

アクティブ・リスニングを習慣として身に付けることで、一人ひとりのパートナーが常に相手の立場で考えるようになります。それが、互いに支え合い助け合うと同時に、パートナー同士の絆を強め、働きやすい環境を作ります。

3つめは、「スターバックスで働く人はお互いに助け合う」という互助精神を表します。スターバックスでは、助けを求めることを歓迎し、逆に助けを求められたら、逃げずに手を差し伸べようという意味合いも込められており、お互い積極的に助け合える環境作りを進めています。スターバックスに勤める方は「**自分がこんなにも他人に優しくなれると思いませんでした**」と、新しい自分を発見したと言います。これが「スターバックス・エクスペリエンス」なのです。ある意味、スターバックスの「魔法」です。

なお、スタースキルに従い、お互いに助け合い、仕事の上で心と心が触れ合うような行動をした人に、スタースキルの実践者として「ブラボー賞」を与えるという表彰制度を設けています。

仕事の中で自分が素晴らしいヘルプを受けたと感じた人は、指定の「BRAVO！ 賞申請用紙」に記入し、提出します。該当者の上司とヒューマンリソース部門の承認を得て、ブラボー賞と認定された人には、コーヒー豆をイメージしたピンバッジが贈られます。

その内容について、申請用紙には「顧客を満足させるサービス」「売上げの向上につながるような業務」「コストの削減に貢献した業務」と、例が挙げられていますが、特に厳しい条件があるわけではなく、残業で大変なときに隣の部門のパートナーが親身になって助けてくれたなど、日常業務の何げない心遣いや行動に対して評価を与え、賞の対象としています。

このようにスターバックスでは、スタースキルを行動指針とした〝働く姿勢〟を重視しています。つまり、どのような行動をとったか、どのように努力したかといったことですが、それらの詳細については、別にコンピテンシーの要件としてまとめられています。

お客様の要望にできるだけ応える「Just Say Yes」

居心地のよい空間、家庭的で温かみのある雰囲気を大切にするスターバックスでは、パートナーの気配りや顧客とのコミュニケーションなど、情緒的要素を大変重要視しています。

「One Cup at a Time. One Customer at a Time」という精神もその一つですが、その心を込めた言葉をもう少し嚙み砕くと、「できる限り、お客様のご要望にお答えするという気持ちで接しょう」ということです。それを表す言葉が「Just Say Yes」です。「スターバックスには接客マニュアルがありません。ただあるのは、お客様のご要望にはできるだけお応えしようとする精神です」と、あるマネジャーが言っていました。

こうした精神を、入社直後の研修からパートナーに伝え、受け入れられるように準備しています。顧客のための真のサービスとは何かを理解し、何をすべきかを自分で判断し行動するチームとは、こうした精神を浸透させることから生まれてくるのでしょう。

こんなエピソードも生まれました。あるスターバックスの店舗が閉店する際に、常連のお客様からストアマネジャーやパートナーに花束が贈呈されたというのです。こうした「お客様との強いつながり」は、スターバックスが目指す「感動体験を提供して、人々の日常に潤いを与える」というアイデンティティそのものであり、仕事の楽しさややりがいとなっています。

顧客へブランドを伝えるのは人である

スターバックスは、「人という経営資源に徹底してフォーカスした経営」「人を尊重する経営」というピープル・ビジネスを実践する企業として知られています。

ブランドは、スターバックスにとって何が何でも守り抜かねばならないものですが、それを伝えているのは、ほかならぬパートナー一人ひとりであり、パートナーこそがブランドを決める存在といっても過言ではありません。

スターバックスでは、香り高い高品質のコーヒーも、くつろぎの空間も人がつくり出すもので、従業員の尊重が顧客の創造につながると考えています。数ある顧客との「接点」の中で、コーヒーの質や店の雰囲気は、他社が真似しようと思えばできるものでしょう。しかし、「スターバックス・エクスペリエンス」と呼ばれる、スターバックスでしか味わえない経験を大切なものとして心に刻み、顧客を感動させ、リピーターをつくるスターバックスの戦略までは、簡単に真似はできません。いわば、独自性はここにあり、これが一つの競争優位を形成しているのです。

その中心的な役割を担うのは、コーヒーでも店でもなく「人」なのです。パートナー同士の良好な人間関係があるから笑顔のあふれた職場になるし、パートナーと顧客の良好な関係があるから、顧客は居心地の良さや感動を味わえるのです。

第3章

理念に共感し ベクトルを合わせる

組織の心を1つにする

「われわれはまず社員の間にブランドを浸透させることから始めた。クラッカーやシリアルを扱う企業が、まず消費者にブランドを浸透させたのと正反対のやり方だ。顧客の期待に応え、喜んでもらうには、優秀な社員を採用し教育するのが一番だと信じていた。だからこそ、コーヒーに熱意を燃やす社員の育成に投資してきたのだ」

ハワード・シュルツ『スターバックス成功物語』（日経BP社）より

共感し合う

共感という言葉を辞書で引くと、「他人の体験する感情や心的状態、あるいは人の主張などを、自分も全く同じように感じたり理解したりすること」とあります。

組織を構成する個々人がまったく違う感情や主張を持っていては、まとまりがつきません。

例えば、組織の中では部門間のコンフリクト（意見の衝突）やセクショナリズム（部門の縄張り意識による派閥争い）が問題となりますが、それは、自分本位の利害に偏るために起こることが多いものです。

組織がまとまって行動するには、自己の利害ではなく、組織としてのあり方にベクトルをそろえる必要があります。それには組織の考え方への共感が不可欠です。

組織の共感を高める方法は、２つあります。

１つは、**目指す志や夢に対しての共感**です。

スターバックスは、「心に活力と栄養を与えるブランドとして、世界で最も知られる、尊敬される、朽ち果てることのない偉大な企業になること」を大きな夢として掲げています。

途方もない壮大な夢ですが、どんなに大きなものであれ、まずトップが強く願い、それを語り続けることで、組織のベクトルは大きくそちらへ向いていきます。

もう１つの共感は、「**お客様にとって個人や組織がどうあるべきか**」という視点によって得られます。

例えば、店長が「利益予算の達成が今の仕事の目標であり、それを成し遂げることこそ自分たちが果たすべき義務である」と力説したところで、数値責任を負わないパートやアルバイトには、なかなか分かってもらえません。「予算はどうでもいいけど、店長がかわいそうだから手伝ってあげようか」と同情してくれる程度かもしれません。

また、ロスを減らせ、生産性を上げろと口を酸っぱくして言ったところで、「そんなことは社員が考えることで、私たちが考えることなんかじゃないわ」と反発されるだけかもしれません。

しかし、**唯一働く人すべてのベクトルを1つにできる方法があります**。**それは「お客様にとって」という視座です**。

どんな仕事にも、そこには必ずお客様の存在があります。店や会社は業績を上げなくては存続できませんが、その利益はお客様によってもたらされるものです。「すべてはお客様のために」ということだけは、どんな業界のどんな仕事でも普遍的な価値観です。

そうであるならば、部下にやりがいを持たせるには、すべてのベクトルをお客様の満足に向けること、すべての仕事の良し悪しをお客様からの評価尺度で判断することが大切です。

例えば、欠品がなぜいけないのかと問われれば、売上機会ロスが増えることよりも、お客様に無駄足を運ばせたことを問題にするのです。

笑顔がなぜ大切かと聞かれれば、リピート率を増やすためと答えるのではなく、お客様に気持ちよく店を利用してもらうためだと答えるのです。

そして、すべての仕事はお客様のためにあるのだ、と教えてあげればよいのです。お客様の立場で仕事の価値を考えるようになれば、自分たちがどれだけ大切な仕事をしているか発見できるはずです。

スターバックスのミッションステートメントにある「お客様が心から満足するサービスを常に提供する」という考え方を突き詰めれば、すべてを顧客本位で考えましょうというところに行き着くはずです。

理念を浸透させる

企業が提供する価値を表すものが、経営理念です。経営理念とは、企業経営における基本的な価値観や精神、信念を表明するものです。例えば、「われわれは健全な事業活動を行い、顧客、株主、従業員を大切にします」という類のものです。

これは「こういう会社になりたい」という決意を表明したものであり、外へのメッセージであると同時に内部統制の柱にもなるものです。いわば会社の憲法ともいえるもので、すべての従業員の共通の価値観でもあります。
しかし、自分の会社の経営理念や社是を覚えている人は少ないのではないでしょうか。これでは、せっかく立派な経営理念があっても、ハワード・シュルツの言う〝壁を飾る置物〟になってしまいます。

経営理念など会社が大切にしている価値観や精神は、従業員に浸透させ行動指針となって初めて役立つものです。

そのためには、まず**分かりやすい言葉で伝えることが大切**です。経営理念に書かれている言葉は、崇高な表現が多く、難しい言葉が並んでいるため漠然とした表現が多いものです。なんとなく意味するところは分かりますが、ストレートに心に突き刺さってこないものが多いのも事実です。

ノーベル賞を取った科学者の講義を私が聞いても、さっぱり分からないのと同じことです。経営理念を分かりやすく平易な言葉に置き換えて伝えられるようにすることが何よりも大切です。

また、常に理念を柱にして、方針や戦略、行動が決められている必要があります。しかし、これもまた、理念は理念でしかなく、現実とは違って当然だとばかりに、理念に反した方針が示されることもあるようです。こんなことでは、何が会社にとっての価値観なのか従業員に伝わるはずもありません。

スターバックスでは、ミッションステートメントがすべての従業員の規範としてブレークダウンされ伝えられています。

例えば、経営サイドから定期的に配布される「マネジメントレター」や、自由に意見交換のできる場である「ハート・オブ・スターバックス」などです。「ハート・オブ・スターバックス」では、パートナーが社長の考えを聞きたいと言って、社長に参加してもらうこともあるといいます。

また、従業員IDカードのように普段目に触れる機会の多いところに、ミッションステートメントが記され、いつでも繰り返し確認できるようになっています。

こうして日常の仕事の中でメッセージを繰り返し受け取り、習慣化させることで意識の中に刷り込むようにしています。

もちろん、社内報やポスターで理念や会社の心ともいえる部分に触れられる機会もありますが、何度か見聞きしただけでは、心に響いてこないし残りません。

トップからの直接のメッセージが最も心に染み入るわけですが、生きるか死ぬかの死線をさまようような経営環境下では、ついつい業績や内部変革についての話が多くなりがちです。

会社の理念を示し、従業員の心を1つにまとめ、組織力を高めようとするならば、経営陣を筆頭にリーダーは、部下に根気強くメッセージを送り続ける必要があります。さらに、模範を示し、彼らに理念を刷り込み、繰り返し行動させることで習慣化し、向いている方向をそろえていかなければなりません。

たった1回で言うのをやめれば、部下は「大して重要なことではない」と思います。ところが、4回、5回と繰り返すと、これはきっと大切なことなんだと考えます。そして、10回も同じことを言われれば、「どうしてこんなに同じことを繰り返すのだろう」と疑問を持ち、自分で考えるようになります。そうすれば、自ら事の重大さに気付き、理念や目標を意識して仕事をするようになるはずです。

明確な目標にベクトルを合わせる

向かうゴールをはっきりさせる

シドニー五輪とアテネ五輪で日本女子ソフトボールチームにメダルをもたらした宇津木妙子監督は、「ソフトボールはチームのスポーツである。一人ひとりが勝手なことをやっていては、どんなに個々の能力が高いチームであってもチームとして機能しなくなってしまう。逆に個々の能力はさほど高くなくても、個性をうまく引き出し、絡ませ、チームとしての総合力として昇華させることができれば、個々の能力で上回るチームに勝つことは可能である」と言いました。組織も同じだと思いますが、組織が一丸となって結束し行動するには、チームの一人ひとりを動機付ける目標が明確になっている必要があります。

ジョージ秋山の『浮世雲』というコミックに「富士山に登ろうと心に決めた人だけが富士山

【図表11】一人ひとりがちぐはぐな目標を持っているダメなチーム

ベクトルがそろわないと組織の力は強くならない

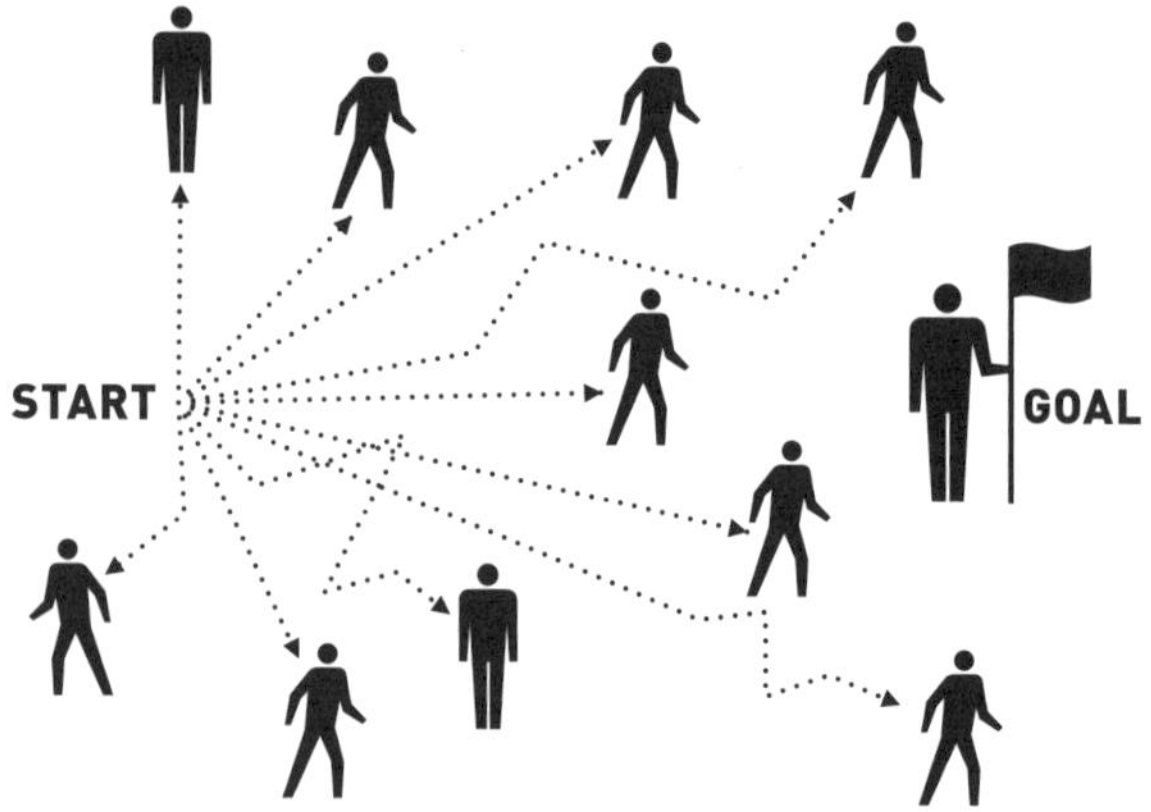

に登ったんです。散歩のついでに登った人は一人もいません」という名文句がありますが、**仕事には必ず目標があり、常にその目標に向かってアクションを起こすことが大切なのです**。そして、目標の達成に喜びや興奮を感じさせることが、チームを動機付け、動かすための原則なのです。

しかし、闇雲に目標だけを与えても人は動きません。その目標を達成することの意義や成果を明らかにし、やるだけの〝値打ち〟、つまり、やりがいを持たせることが大切なのです。また、その目標は具体的なものであり、チームの全員が理解し共有していることが重要です。

そしてまた、各自が将来自分のとる行動を表明し、それを確実に実行することを約束する必要があります。これがチーム全体で共有されて初めて、強いチームになるのです。

組織目標が明確でなく、それぞれが別のゴールを目指しているようなチームは、組織的能力を発揮することはできません。

従って、リーダーとして重要な任務は、目標を高く掲げ、それを達成することの意義や喜びを教えてあげることにほかなりません。

ところが残念ながら、月次損益や日割予算を作り、それを配っただけで目標を共有したと思っている人が多いようです。目標を共有するとは、そういうことではありません。仕事をするチームの全員が、組織目標を自分の目標として受け入れ、その実行を約束し、それを動機付け、要因として仕事に励んで初めて共有された目標となるのです。

方針をはっきり示し、目標を決め計画させる

上司が部下を叱っているとき、「俺はそんなことを言った覚えはない」とか、「もっとよく考えてみろよ」という言葉を口にすることがあります。確かにその通りだと思う反面、上司が方針を明確に示していれば、もっと違った結果になっていたのにと思うことも多いものです。

リーダーが方針を明確にしておくと部下の判断基準がはっきりするので、リーダーも力強く

行動できるし、従業員も「こんなことしたら、あんなことしたら」と悩むことなく、その方針に照らして判断できるようになります。すると従業員からも、「うちの上司はしっかり一本筋の通った人だ」と思われるようになり、頼りにされたり尊敬されるようにもなるでしょう。

さて、方針を明確に示したら、今度は具体的な組織目標を設定し、そのために何をどうするかという計画を作ります。

「夢に日付を入れる」

という言葉があります。方針を示す人は多いのですが、それを具体的な計画に落とし込める人は意外と少ないものです。目標を達成するためには、夢に日付を入れるように計画し、行動に移さなくてはなりません。

目標と計画とはセットです。どちらが欠けてもいけません。富士山を登るのに、一直線にまっすぐ登って行ける人はまずいないでしょう。その労力や危険度を考えれば得策ではありません。つづら折りの登山道を何度も何度も折り返して、三合目から五合目、五合目から八合目と目標を定めて山頂を目指すはずです。つまり、富士山頂が最終目標で、五合目、八合目が中間目標、そしてつづら折りの折り返し地点もまた、目指す過程での目標となります。

目標ができれば、そこへどうやって到達しようかと考えるはずです。それが計画です。経営も同じで、夢に日付を入れるには、節目節目の目標設定と道筋をいかに作るかが大切になります。リーダーは部下に、いつまでにここまでのことをやろうと具体的な目標を適時与えていかなければならないのです。

適切な目標を作らせる

経営学者のA・M・マクドノウは、「**企業は解決すべき問題の集合体である**」と言い、「**問題とは目標と現状のギャップであり、目標のないところに問題は発生しない**」と断じました。この言葉は、企業経営のあらゆる局面で忘れてはならない重要な示唆を与えてくれると同時に、目標がいかに重要であるかを教えてくれます。

実務上の目標とは、夢でもなければビジョンとも違います。もっと日常の業務に密着したものです。目標をスローガンと間違えてはいけません。また、とてつもなく現状とかけ離れた困難極まりない目標を掲げたり、与えたりしても、掛け声だけに終わってしまいます。

部下にやる気を持たせて育てる目的ならば、戦わずして戦意を喪失するような目標の与え方は、リーダーとして賢い方法とはいえません。

パートやアルバイトにとって、目標が高すぎて重荷になってしまう場合には、できて当たり前のレベルの目標から始め、成功体験を積ませながら、少しずつ高い目標にチャレンジしていくようにします。何も目標を決めずに漫然と仕事をさせるのではなく、きっちりとゴールの見える仕事の与え方をするだけで、やる気はきっと変わってくるはずです。

また、目標の与え方も重要です。たとえ適切な目標であっても、一方的に指示命令してはいけません。確かに、命令とあれば部下も従うでしょうが、「承知すれども納得せず」で、意欲を持って取り組もうという気持ちは生まれてきません。

目標は、与えるというよりも合意に基づき決めることで、部下がその目標にコミットしてもらうようにしなくてはなりません。お互いがよく話し合い、自分で同意して決めた目標であるという納得感を得るように促すのは、リーダーの大切な仕事です。

目標があるから楽しめる

会社では目立たない存在で、仕事を任せても、ちっともやる気を見せないにもかかわらず、ゴルフとなると別人のように張り切る人がいます。ゴルフのどこにそんな魅力があるのでしょうか。

他のスポーツでも共通することですが、第1にホールごとにパーいくつで回ればよいかという明確な目標があり、それは誰にとっても同じ条件である、ということが挙げられます。

第2にハンディキャップによって、力量の差を埋めることで競うプロセスを楽しくさせています。

第3は達成感を味わえることです。パーいくつという目標だけでなく、自己ベストなどの目標値が明確であり、それを達成することで喜びや楽しさを倍増させてくれます。

第4は、ハンディやスコアによって自分の成長を確認する手ごたえを感じられることです。また、練習の成果が数字となって現れることも向上心を刺激します。

そして最後に、シンプルなゲームでありながら、天候や体調など結果を左右する要素が沢山あることです。特に、本人のメンタルがスコアの良し悪しに直結します。また、道具に対してもスコアという目標があるからこそ、素材や重さについてこだわりが強くなります。

ゴルフに限らず、スポーツには必ず目標があります。目標があるから、それを達成しようと努力し頑張ります。一人でできなければ仲間の知恵や力を借りたり、頭を使って考え、創意工夫します。だからこそ、おのずと成績が上がってくるのです。

カップのないゴルフ、ピンのないボーリングといった目標のないゲームが楽しいはずがありません。何に向かって努力したらよいかまったく見えない状態では、やる気も出ません。仕事も同じです。目標のないところに、さあ頑張ろうという気持ちは生まれてこないのです。

自律性の高いチームを作る

サッカーチームを作る

サービスの語源は、ラテン語のServus（奴隷）にあり、お客様に仕えることだと言われます。しかし、へつらうことではありません。サービスとは、「心温かく親切に人をもてなす気持ち」です。「献身的にお客様のために尽くすこと」なのです。サービスは誰かに手取り足取り教わって、マニュアル通りに行動すればできるものではありませんし、清掃や品出しが終わって手がすいたから、さあやろうというものでもありません。**サービスは、突然必要になり、その一瞬を逸すると価値がなくなってしまいます**。

だからサービスは難しいといわれるのです。個人の自発性が鍵となるからで、本当にお客様のために尽くすという気持ちや、そうしたいと願う意欲なくして、顧客の心を捉えるようなサービスは実現できないからです。まさに〝真実の瞬間〟です。

多くのチェーン店は、高度にシステム化された仕事の中で機能重視のサービスを提供してきました。しかし、顧客が当たり前以上の驚きや感動を期待し始め、考え方も多様化する中で、マニュアルだけに頼ったサービスに限界が見えてきました。

今求められているのは、高度にシステム化された機能的なサービスに加えて、マニュアルでは実現することの難しい、人間関係を深めるための情緒的なサービス要素といえるでしょう。

その場その場の状況に合わせて、ベストだと思う行動を即座に実行するサッカーチームのように動かなくてはなりません。スターバックスではマニュアルを否定するのではなく、マニュアルをあえて捨てることで、マニュアルに頼らず自分で判断し行動するサービス本来のあり方を目指しています。

情緒的なサービスは、マニュアルや命令によって高めることはできません。本人が、顧客のために尽くしたいという気持ちや、仕事への愛情など、いわゆる仕事に対してやる気を持って励む心なくして実現することは難しいのです。

だからこそ、「何のためにそうしなければならないか」「なぜそれが必要か」といった、Ｗｈｙが十分考えられた上で、「何をすべきか」というＷｈａｔが必要です。「どうすべきか」のＨ ｏｗだけではお客様の心に響くサービスは実現できません。

しかし、もし仮にスピードや利便性など機能的なサービスこそが大切と考えるならば、テクニカルなマニュアルによって徹底的にその機能的要素に磨きをかけ、サービスレベルを上げていけばよいでしょう。

やりがいが人と組織を変えていく

「なぜそうしなければならないか」「なぜそれが必要か」を認識して行動する人とは、言い換えれば〝やる気〟を持っている人といえます。

やる気を広辞苑で引くと「物事を積極的に進めようとする目的意識」と書かれています。とするならば、何のためにという〝目的〟と、どのような状態を目指すかという〝目標〟が明確で、さらに、積極的にそれを成し遂げたいという強い思いや意思が働いている状態を「やる気の高い状態」というのではないでしょうか。

やる気を引き出すことは仕事の成果を高めるために不可欠ではありますが、それには〝やりがい〟が必要になります。

やりがいとは、「するだけの値打ち」と辞書に書かれています。値打ちがあると思うからこそ、やってやろうという意欲も生まれてくるのです。

しかし、仕事に価値を見出せない人が多いのは事実です。残念ながら自分の仕事が何の役に立っているかを理解せずに、表面的な部分だけを見て自分の仕事を卑下してしまう人もいます。リンカーン元米国大統領は「**世の中には卑しい職業はなく、ただ、卑しい人がいるだけである**」と言っています。彼が言わんとしたことは、要は本人の気持ち次第だということです。

ディズニーランドで園内のゴミを掃除するスタッフは、自分の仕事に誇りを持っていることで有名です。彼らは、ネガティブに見れば誰もができる「掃除係」です。しかし、彼らはディズニーランドにおいて重要な役割を担っていることを自覚しています。周囲の人もそのことを認めていますし、お客様からのお褒めの言葉や賞賛もあります。これらが、彼らの仕事にプライドを与えているのです。

しかし、初めから周りの認知や顧客の賞賛があったわけではありません。初めは、自分たちの仕事が大切なものなのだという自覚から始まり、行動を変え、その仕事を価値あるものにしていきました。彼らは、やるだけの値打ちに気付いた人たちなのです。

仕事は、その人の心の持ちようでやりがいと誇りを持てる仕事にもなるし、逆につまらなくもなります。

有名な「二人の石工」の話を紹介しましょう。ある日、石切り場で石を切り出している石工二人に、「あなたは何のために仕事をしているのですか」と尋ねました。一人の石工は、「毎日つまらない仕事をしているんだ。生活のために仕方なくこうやって働いているのさ」と答えました。そして、もう一方の男に同じ質問をすると、「いいことを聞いてくれた。僕はね、ここで白亜の大聖堂を作る手伝いをしているんだ。素晴らしい仕事さ」と答えたということです。どちらも同じ仕事なのに、その仕事の価値を認めてやりがいを持っているかどうかで、こうも仕事に対する認識が変わるのです。

スターバックスで働く人たちが生き生きとしているのは、自分たちの仕事の価値を知り、誇りを持っているからにほかなりません。

第4章

人、人、人の経営

経営資源としての人への考え方

「顧客の期待に応え、喜んでもらうには、優秀な社員を採用し教育するのが一番だと信じていた。だからこそ、コーヒーに熱意を燃やす社員の育成に投資してきたのだ。小売業務に従事するパートナーたちは、その熱意と献身でコーヒーとブランドを広める最大の力となってくれた。彼らの知識と熱意が顧客の評判となり、再び足を運ばせる要因となったのだ。強力なブランドの秘密はここにある」

ハワード・シュルツ『スターバックス成功物語』（日経ＢＰ社）より

最も重要な経営資源は人的資源である

ここまで、ミッションに基づく経営や組織へのコミットメントを高めるための取り組みについて見てきました。しかし、どんなに素晴らしいミッションを掲げても、それだけで人が自立して高い能力を発揮し顧客満足を高めるわけではありません。

CS（Customer Satisfaction：顧客満足）は、ES（Employee Satisfaction：従業員満足）からといわれます。すなわち、**従業員が仕事にやりがいを感じ、生き生きと働くことのできる環境なしに、お客様をもてなし満足させることなどできない**ということです。

このように言われ始めたのは、最近のことではありません。にもかかわらず、実際にそれを実現している企業は多くありません。スターバックスでCEOを勤めたオーリン・スミスは、「米国の一般的な企業は株主利益や株価を最優先するが、当社は、『社員』が最も重要な経営資源であると考えています」と語っています。

スターバックスは、従業員を消耗品のように扱うのではなく、誰もが働きたいと思うような就業環境を作ることで、優秀な人材を集めミッションに基づくあるべき姿を実現しようと考えてきたのです。

スターバックスが従業員を大切に考える一つの表れとして、パートタイマーへの社会保険適用拡大が挙げられます。

米国では、1980年代終わりに企業不況対策のための経費削減の一環として、従業員の福利厚生費を削減する方向に動いていました。しかしスターバックスは、こうした動きにまったく逆行し、週20時間以上勤務するパートナーを対象とした健康保険制度を導入しました。

ハワード・シュルツは、「社員を家族のように扱えば社員は誠実に働き、持てる能力のすべてを発揮してくれるだろう。会社が社員を支えれば、社員も会社を支えるようになる」と、同業他社に見られないほど福利厚生に力を入れました。

スターバックスはピープル・ビジネスである

ハワード・シュルツは、「一番重要なのは、お客様と接するパートナーの存在である」と語り、自分たちのビジネスを「ピープル・ビジネス」と定義付けています。

それほどまでにスターバックスが人に重きを置くのは、第2章で説明したように、スターバックスでしか味わえない経験（スターバックス・エクスペリエンス）こそ、ブランドを守り、成長するために欠かせない要素であると考えているからです。

実際、顧客が満足するか否かは、顧客が店の中でどのような体験をするかによって決まってきます。たった一瞬で顧客を魅了することもできれば、逆に信頼を失うこともあります。その大切な瞬間を、会社はパートナーに委ねているのです。

そのパートナーを大切にしないでサービスを高めることはできません。それも、誰にでも真似ができてしまう店舗とコーヒーではなく、「人的サービス」こそがスターバックス・エクスペリエンスを実現するための要であり、そして競合他社との優位性を築く上でも大切なことと考えているのです。

人的サービスといっても、作業の効率や正確性を最優先した型通りの仕事ではありません。人と人とのふれあいやコミュニケーションを大切に、単に作法としてではなくパートナーが当たり前のこととして受け入れ、自らの気持ちで接すること、それがスターバックスの差別化要因でありコアコンピタンス（競合他社に真似できない核となる部分）の1つといえるでしょう。

生き生きとした職場を作るために

本書の冒頭で「なぜ、あれほどまでに楽しそうに働けるのか」という疑問を投げかけました。その答えは、これまで述べてきた「企業が考える価値への共感とその共有」「組織目標への強いコミットメントによる組織のベクトルの統一」ということに集約されます。そしてそれを実現することを目標に、優れた人材育成制度を持っていますが、その根本的な考え方として次の3つの原則を掲げています。

①標準化しない

スターバックスを訪れて誰もが気付くことですが、服装はかなり自由です。ピアスも一つまでは許されているようですし、髭もＯＫで茶髪でもかまわないということです。見苦しくない良識の範疇で個性として許される範囲で自由であり、決められたルールはありません。接客時の言葉使いにしても、「こんにちは」から「いらっしゃいませ」まで実にさまざまです。

それは画一的なサービスではなく、個性の表現と考えていることと、お迎えするお客様の人となりや表情、そしてお客様の要望に合わせようという表れでもあります。実際、細かなことではありますが、コーヒーの種類や入れ方、飲み方に至るまで多種多様な要望に応えてくれます。

パートナーは、バリスタのレシピ以外、マニュアルに定められた通りに行動することを求められることはありません。すべてのパートナーは、お店の経営に主体的に参加し、何をすれば顧客に喜んでもらえるかを自分で考え判断し、ここがスターバックスという特別な場所であることを顧客に伝えているのです。

ですから、**あえてスターバックスでは「こうあるべきだ」という回答を標準化することはしないのです。**

②パートナー同士で教え合う

接客についてのマニュアルはありません。従って、スタースキルにもあるように「困ったときには助けを求める」精神で、お互いが助け合い教え合っています。

またその時にも、ミッションステートメントにあるように相手を尊敬し、相手の立場になって考え教えることを大切にしています。

スターバックスには、接客についてこうするのが正しいというものがありません。「なぜそうした方がよいのか」という考え方が中心となり、小手先のテクニックを中心に教えるのではなく、何をすることが大切なのか、なぜそれが大切なのか、行動よりも心を教えることに重きを置いています。また、教えることによって、教える側も再確認しながら自ら学んでいくのです。こうした考え方は、後述するラーナードリブンという主体的に学んでいこうとする精神を養うことにもつながっています。

③各人の要望やアイデアに迅速に応じること

ミッションステートメントにある多様性を受け入れる姿勢がここにも出ています。個々の考え方や自主性を尊重し、まず聴き入れて判断するという姿勢を取ることで、多くのチェーン店でささやかれるような「店舗と本部は細くて長い糸で結ばれている」といわれる関係を、スターバックスでは「太くて短い」糸で結ばれた信頼関係に変えています。

例えば、業務に関する要望や新商品のアイデアなど、自由に記入して発言することができる「パートナーコメントカード」というものがあります。本部はそのカードを受け取ってから2週間以内にきちんと回答します。数千人のパートナーから毎月100通近くのカードが送られてくるそうですが、そのすべてにきちんと目を通しフィードバックしています。

意見を出しても何の反応もない会社がありますが、きちんと対応されることで「自分たちの意見が経営や店舗運営に反映されているんだ」という気持ちがパートナーに湧いてきます。こうした実感が信頼関係に大きく影響するのです。

ハワード・シュルツはあるインタビューで、「最良の関係はお互いが大きな信頼を寄せること。社員が不平不満を含めてどんな問題でも議論できると感じる雰囲気を持つことが大切だ。私たちにはそれがある」と語っています。

すなわち、

❶学校のように知識を詰め込むのではなく「みんなならどう取り組むか」を重視し、「自立性」を重んじていること

❷お互いに教える人であり教えられる立場にもあるという「補完関係」で互いを高めることを大切にしていること

❸どんなことでも聴き入れる姿勢を持ち、「信頼関係」を強める努力をしていること

以上の3点が、スターバックスの人材マネジメントの基本となる姿勢です。

パートナーが、安心して働ける環境を整えることは極めて重要なことですが、賃金を倍にしても倍働くようになるわけではありませんし、与えられた環境はいずれ当たり前の権利として受け入れられ、従業員が継続的にやる気を持って働く要因として、持続した効果が得られることもあまり期待できません。

従業員の動機付けは、よく言われるように〝やりがい〟を持たせることが重要です。**やりがいがあるからこそ〝やる気〟が生まれ、モチベーションが高まり自ら行動するようになります。**やりがいを持たせるために必要な要素とは何でしょうか。それは、仕事が収入を得る代償としての労働の提供だけではなく、〝仕事が楽しい〟と感じて働いてもらうことです。ではどうすれば仕事が楽しくなるのでしょうか。それには、主に次の要素が必要になります。

❶目標を共有し、みんなと一緒に立ち向かっているという一体感

❷一体感を生むコミュニケーション
❸目標の達成による成功体験と自信
❹自分の考えで仕事が進められる権限と責任の両立
❺他人から認められた賞賛

自主性を発揮させる

気付きを大切にする

スターバックスの人材育成で共通するのは、一方的に教えるのではなくパートナー自らが考え納得して自主的に行動できるように、「気付き」を大切にしながら人を育てていることです。パートナーには自立心を培ってもらおうと考えています。

自主性を養うことは非常に忍耐力がいることです。「なぜこうしなければならないのか」をはっきりつかまずに、ただ命令に従っているだけでは、自主性は育ちません。

指示や命令によって〝承知〟させるのではなく、「なぜそれが必要なのか」自分で答えを導き出し〝納得〟して行動を起こさせることで、少しずつ自主性の目が開いていきます。

スターバックスが専任の教育担当を置かず、今働いているストアマネジャーに教育させるのは、同じ目線で話ができることで共感を得やすいためです。詳しい教育制度の中身については後述しますが、多くの企業が考えるような、こうすべきであるという「あるべき姿」を基準に、それができるように訓練することが教育であるといった考え方は、スターバックスには微塵もありません。

あくまでも主体は教える側ではなく、教えられる側であり、教えられる側が「何をすべきか」「なぜそうすべきか」をしっかり身に付けなければ、「どうすべきか」というテクニックを教えても無意味であると考えているからでしょう。

教育の場だけでなく日常業務の中でも、一方的にこれは良いことでこれは悪いことと決め付けるようなことはしません。また、マニュアルとの差をチェックして、悪いところを見つけて正しなさいと教えていくようなこともありません。スターバックスでは、「結果の是正」を中心とした教育ではなく、なぜそうしなければならないのか、何のためなのかを理解させること、すなわち本人の気付きに重点を置くことで、自主性の芽を育て、自立させていくのです。

教える側にとって大切なことは、教える相手の言葉に耳を傾け、相手の立場に立って、その上で相手に対する言い方を工夫し、気付きを促しながらその人が潜在的に持っている能力や持ち味、そしてやる気を引き出していくことです。スターバックスにはそうした考え方が根付いているようです。

教えながら新しい自分を発見する

スターバックスのこうした人材育成の姿勢は、教える側にとっても従来とは違った影響をもたらします。人に気付きを促しながら仕事を教えていく過程で、教えた相手が非常に良い結果を出したり、成長するのを目にすることで教えたことの成果を喜ぶようになります。また、そうした成果が生まれたことに感謝される中で、自分のやってきたことに誇りを持てるようになります。スターバックスの教育の中には、単に教える・教えられるという関係以上の感情を生み出す力があります。

例えば、スターバックスではスタースキルにあるように「助けを求める」ことを歓迎し、パートナー同士がお互い積極的に助け合えるような風土を作ってきました。従って、教育を通して人を教えるときにも、教えるというよりは相手がもっと成長したいと助けを求めて手を差し伸べていると考え、それに応えようとする気持ちの中で教育が行われているということになります。

さらに、パートナー自身が仕事を通じて新たな発見をしていくと同時に、お客様がスターバックスを利用されたとき、生き生きと働いているパートナーたちの姿を見て、また新たな発見をすることになります。

こうした経験をスターバックスに関わるすべての人が積み重ねることによって、スターバックスの組織風土は出来上がっています。

スターバックスのこうした企業風土は、サービスの中にも見て取ることができます。接客は無理に笑顔を浮かべず、お決まりの文句もなく、かしこまることなく、へつらうこともしません。舌をかみそうな普段使い慣れない言葉で挨拶されることもありません。つまりマニュアルで塗り固められたものではなく、きわめて自然に振る舞う接客の中に、相手を思いやる気持ちが表れているのです。暖房の利きにくい店の椅子の背もたれに、さりげなく置かれたブランケットも、おそらくはそのお店のパートナーの思いやりから生まれたのでしょう。

〝ラーナードリブン〟で学び成長する組織へ

今まで多くの企業は、高い目標を与えてそれが達成できているかどうかを問題にし、「このままだと君は同期に比べて出世が遅れるぞ」とか、「頑張らないと査定に響くぞ」と脅すことで、危機感や緊張感を植え付け、所属組織や社員同士の競争意識をあおり、モチベーションを高めようとしてきたところがあります。

教育にしても、「仕事は教えられるものではなく、自ら盗んで覚えていくものだ」と人材育成を怠ったり、従業員には自ら能力を高めることを強要したりしてきました。そこには、自律型組織を作るために本人の自助努力や学習意欲を高めていこうという気持ちは見受けられません。

もともと教育をコストとして捉え、投資という考えがない企業では、満足な教育制度が作られていません。仮に制度や計画があっても、期末近くになり売上利益が危うくなると、交際費、広告宣伝費と同じように教育費も真っ先にカットの対象となることが多いようです。こうした会社は意外に多く、気が付けば何年も満足に教育研修を行っていないといった会社もあります。**教育は体系的かつ継続的に行うことが重要であり、思い出したように単発的に実施しても効果はありません**。また、中には、教育そのものについて「余計な知恵を付けさせては困る」と考える会社すらあるくらいです。

さてスターバックスは、前述の通り自社のビジネスを人が資産のピープル・ビジネスと考え、人という経営資源に徹底的にフォーカスした経営を行っています。実際、ハワード・シュルツは「会社の命は社員そのものだ」と、あるインタビューに答えています。

教育についても、投資とか経費とか、そういう考え方以前の認識として、人を育てることなしに顧客にスターバックス・エクスペリエンスを提供することはできないし、企業の成長発展もないと考えています。

スターバックスの教育は、組織で働く個人をトレーニングすべき対象として考えたり、パフォーマンスを生み出す従業員として捉えてはいません。共に事業を営むパートナーと認めて、学習する主体であるとの考えを教育ポリシーとして掲げ、教育システムについては、「ラーナードリブン」(Learner Driven)という考え方を持ち、極めて綿密な仕組みと体制を整えています。

「ラーナードリブン」とは、学習に向かわせる、駆り立てるという意味であり、主体的に学んでいこうとする意欲を持たせ、個々人を進んで学習する人材に育てようということです。

スターバックスにおける人材育成は、覚えてほしいことを一方的に与えたり押し付けたりする教育ではなく、自ら進んで学ぼうとする学習意欲と、自発的に取り組むべき課題やテーマを明確にして、自主的な行動を促すことを重視してプログラムが開発されています。

こうしなさいという指示的な教育の仕方ではなくて、「こういう風にやるとうまくいくはずですがどうですか」と、相手に気付きを促すようにしています。

また、本人が自らの長所を自覚したり、自らの考えで仕事を工夫し、こうした方がよいと思ったことを率先してやらせるようにしています。仮にそこで失敗したとしても、周りがそれを許すようにする風土があり、失敗の中から学んでいくことも大切にしています。こうした考えの上に、HOW（どのようにやるか）だけではなく、WHY（なぜそれが必要なのか）の部分を押さえて、WHAT（何をすべきか）を自ら気付いてもらえるような教育プログラムを組み立てているのです。

人の持ち味を活かして育てる

教育の中にもミッションが息づく

スターバックスで行っている人材開発は、「OFF―JT」(Off the Job Training)の教育プログラムにしろ、日常業務の中で学んでいく「OJT」(On the Job Training)にしろ、教える側と教えられる側に分かれて教育するという単純なものではありません。教えられる側の主体的に学ぶ姿勢を大切にして〝学習〟しようとする意識を植え付け、学習する本人が意欲を持って学習に取り組む組織作りを目指しています。

また、**すべてのパートナーは学ぶ人であると同時に学ばせる人、教える人となり、双方向の学習で相互に補完する関係を作り、互いの能力を高め合うことを大切にしています**。

こうした人材育成の考え方のベースになるのも、やはり、お互いに尊敬と威厳をもって接しようという、ミッションステートメントの精神です。

スターバックスでは、「あいつはダメなやつだ」と見切ってしまったり、能力がないからといって諦めるようなことは一切ないといいます。「彼もきっとやればできるんだ」と相手の力を信じて教育に当たっています。

「君はやればできる。君は絶対できる」と、パートナーに自信を付け、行動と努力を促します。自信が付けば一生懸命に努力するようになりますし、もっと高い目標を目指そうという意欲も湧いてきます。

そもそも、人間の能力はいつ花が開くか分かりません。「目から鱗が落ちる」という諺《ことわざ》があります。あることをきっかけとして、急に物事の真相や本質が分かるようになることをいう例えですが、人間の能力についても同じことがいえます。

某オリンピック選手を育てたコーチによれば、選手の能力は緩やかな上昇線をたどって伸びていくようなものではないといいます。ある日突然、壁を突き破ったように大きく力を伸ばし飛躍するのだそうです。ですから、**教育には忍耐が必要**なのです。

いくら一生懸命やっても一向に伸びない時期が長く続くと、つい諦めそうになるものです。教えても教えても、何度も繰り返して口を酸っぱくしても、自分の思い通りにならないと嘆くリーダーもいます。しかし、忍耐強く決してあきらめずに努力を続ければ、必ず成果はついてきます。
女子ソフトボールの宇津木監督は、「相手のことを真剣に思うなら、自分の思いを伝えたいと心から願うなら、言葉にして、行動するしかない。受け入れられないこともある。拒絶されることもある。ただその思いが真剣で、誠実なものであれば、心は必ず通じる。必ずしも自分の思う結果に結び付くとは限らないが、少なくともその心の熱さや思いの真剣さは人の心を動かすだろう」と、**教える立場にある者が誠意を持って事に当たれば、きっと相手の心を動かすことができる**と言っています。

後述するスターバックスの教育方法を見てまどろっこしいと思うかもしれませんが、教育が人を作り会社を支え、社風を決定付けていく大きな要因である以上、人の育成に手抜きはできないはずです。

教育に活かされるコーチング

人間は誰でも、良いところと悪いところを併せ持っています。心の中では良いところに目を向けようと思っていても、ついつい欠点ばかりに目が向いてしまうものです。

部下の仕事ぶりを見ては、動作が遅い、陳列が雑だ、言葉使いがぞんざいだなどと、どうしても問題を指摘し注意することが多くなります。中には心を鬼にして、愛情を持って叱ったり正したりする人もいるのは事実ですが、嫌味なチェックマンとなってしまっている管理者や教育係も多いのではないでしょうか。

しかし、完璧な人間などいるはずがありません。それぞれ持ち味があるわけですから、問題を注意する一方で、良いところにも目を向け褒めることで長所を活かすようにしたいものです。

褒めてもらえば自信が付き、やれる気持ちになります。やれる気持ちになり、やった成果が見えてくれば仕事が面白くなります。仕事が面白くなれば、もっとやってやろうと欲が出ます。それがやる気です。教育でもこうした気持ちをパートナーに教えていくことが求められます。

スターバックスでは、人材を育成するためのコミュニケーション技術としてコーチングを取り入れ、教育プログラムの中でも主要な要素として活かしています。

コーチングを簡単に説明すると、相手の良いところに目を向け、持ち味を活かして能力を引き出したり目覚めさせるための行動や言葉による働きかけのことです。具体的には、相手の存在を認めることから始まり、観察し、話を聴き、理解し、信頼し、任せてあげることです。そうすることで、相手の良いところを伸ばし、今まで眠っていた潜在的な力を引き出すのです。

「して見せて、言って聞かせて、させてみて、褒めてやらねば人は動かじ」は、日本海軍を率いた山本五十六《いそろく》の言葉ですが、これはコーチングの極意でもあります。

スターバックスでは、教育の中でもミッションステートメントの精神に基づき、コーチングの考え方を取り入れながら教育システムを構築しています。

第5章

コミットメントを高める人材育成

人材を育てる教育システム

「社員を経費欄に記載する一項目として扱うことは、われわれの目標にも、われわれの価値観にも反している。そのことは、十分に自覚しているつもりだ。社員のひたむきさと献身こそ、スターバックスが競走上優位に立っている最大の要因だ」

「企業家は会社の発足当初から、社内文化や価値観、指導理念を組織に浸透させなければならない。それが会社の方針や雇用、経営戦略を決める基盤になる。CEOであろうと幹部社員であろうと、毎日仕事をするに当たって一番大切なのは、会社の価値観を他の社員、特に新入社員に啓蒙することだ。企業の規模にかかわりなく、正しい社内文化を確立しなければ成功はおぼつかない」

ハワード・シュルツ『スターバックス成功物語』（日経BP社）より

パートナー教育の進め方

スターバックスは、急速に店舗網を拡大する中でも、店舗のレベルを下げないように人材の育成については非常に力を入れてきました。店舗運営の要であるストアマネジャーは、年間の出店計画のほぼ倍の人数を育成しているとのことです。年間50店舗の出店をするのに100人のストアマネジャー候補を育てているということになります。

とかく出店ペースが上がってくると教育システムが追い付かず、即席の店長とその場しのぎで集められたアルバイトやパートによって運営され、オープンからお客様のクレームを受けるようなチェーンもあります。スターバックスではそのようなことのないように、出店計画に基づきバリスタのトレーニングからストアマネジャー養成まで計画的に行っています。

このスターバックスの人材育成の柱となるのが、「**ラーニングジャーニー**」と呼ばれる教育プログラムです。

スターバックスに採用が決まった人たちは、正社員とパート、アルバイトの区別なく全員が同じ研修プログラムを受講します。役員であっても例外ではありません。

教育プログラムの1つのモジュール（単位）は「クラス」と呼ばれ、その内容は基本的に世

【図表12】スターバックスコーヒージャパンの人材育成ステップ

界共通ですが、スターバックスコーヒージャパンでは一部を日本流にローカライズし独自の工夫を盛り込んでいるとのことです。

まず入社後に初めて経験するのが「ファーストインプレッション」というクラスです。ここでは、ストアマネジャーとともにストアツアー（店舗視察）を行い、店での仕事を自分の目で見て、職場の雰囲気や仕事の内容をつかんでもらいます。

ファーストインプレッションが終わると「コアクラス」と呼ばれる本格的な研修に入ります。コアカリキュラムは5つのOFF—JT（Off the Job Training）クラスと、模擬店舗を使った6つのOJT（On the Job Training）クラスの合計11のクラスで構成されています。

ＯＦＦ―ＪＴのクラスは「エクスペリエンス」という最初のクラスに続いて、スターバックスで扱っているコーヒーの種類や特徴をはじめとして、買い付けや焙煎などコーヒー豆へのこだわりを徹底的に学ぶ「コミュニケーティングコーヒー」や、スターバックス流のシンプルな接客の真髄をロールプレーイングを通して学ぶ「シンプリーサービス」と呼ばれる内容を学んでいきます。

ラーニングジャーニーは「ＯＦＦ―ＪＴで知識習得したらＯＪＴに」といった単純な流れではなく、ＯＦＦ―ＪＴとＯＪＴが交互に進められ、なぜそれらの仕事が大切かということ理解してもらいながら、それぞれのオペレーションを身に付けていきます。その期間は合計で80時間、平均で1～1カ月半の期間を要します。

教育を進める上での考え方

各クラスでは、「こうしてください」あるいは「これはこうなっています」と結論付けて一方的に教えるような講義は行いません。

基本的には話して理解させるのではなく、受講者に質問し考えさせ、それに対する意見や感想を述べるというように、ＷＨＹの部分が大切にされ、気付きを促すように進められていきます。

例えば、最初のOFF―JTの「エクスペリエンス」のクラスでは、「まずどんなことでも結構ですから、皆さんが感動した出来事をカードに書いてください」と、自分の感動体験を思い起こさせます。各自がそれを発表し、お互いに意見交換しながら顧客を感動させることの素晴らしさを知り、少しずつ自分たちもそういう存在になりたいという気持ちを育てていきます。

また接客事例のビデオを見せてから、パートナーにその事例に対する意見や、自分ならどうするかを考えてもらったり、「スターバックスではこう考えていますが、あなたはどう思われますか」と問いかけたりして、共感を得ていくように進めていきます。共感が得られると次の段階では「それでは具体的にどうしたら実現できると思いますか」と再び問いかけ、少しずつ具体的なやり取りを行いながら核心に近づきます。

また、それを職場に持ち帰ったときに、どう表現できるのかを座学の中でみんなで話し合います。その場は、講義形式のものではなく参画型のワークショップ形式をとり、複数の参加者が1つのテーマに対して、さまざまな考え方を聴いたり自分の意見を伝えながら、スターバックスが大切にしている価値観への共感を高めていきます。

ワークショップとは、一方的に話を聞いたり教えを受けたりするのではなく、参加者が主体的に議論に参加し、問題意識を高め、多くの人々と積極的に交流し刺激し合うことで自分自身の中に新しい「気付き」を得るための場のことです。

企業内教育の一環としてのワークショップは、「新たな問題や目標を定めて自らが行動することの価値」への気付きや、「与えられたものではなく自分自身で考え決めたことである」という意識を植え付け、自主的な行動を促すことに狙いがあります。

ワークショップでは、答えが1つでそれを押し込んでいくといったやり方はしません。答えは、参加者が話し合いによって決めたものになります。このような方法を重視するスターバックスには、「これが唯一正しいもの」という考え方はありません。それでも組織としてまとまっているのは、ミッションステートメントがすべてのベースにあるからといえるでしょう。

クラスの主役は受講者であり、そこには強制的な雰囲気はまったくありません。後に説明するファシリテーターという世話役が話しやすい場作りを行い、お互いが意見を言い合う中で受講者はスターバックスにおけるコミュニケーションの取り方を体験します。

そして、11クラスの研修を通して、個人がスターバックスという企業や組織に対して強い一体感を持ち、その組織に深くかかわる自分を意識するようになります。このようにコミットメントを与えるように進めていくのです。

一般的な教育との違いはここにあります。**多くの企業では、何のためにすべきか、なぜそれ**

をすべきかといった部分に時間をかけずに、「これはそういうものだからこうしてください」と、目的よりも手段や方法を教えることに時間をかけています。

スターバックスでは、OJTで仕事の進め方など方法論ももちろん教えるのですが、それよりも前にスターバックスとして大切にしている価値や信条をしっかりと植え付けていきます。そこが正しく理解されベクトルが合っていれば、手取り足取り教えなくても正しい方法は一人ひとりが考えて実践できると考えているのです。

遺伝子を伝えるファシリテーター

ファシリテーターの役割

コアクラスのOFF―JTの世話役を務めるのが「ファシリテーター」と呼ばれる社内資格を持つ人たちです。

ファシリテーターは、店やサポートセンター（本部）で働いている社員のうち、志願してファシリテーターの専門クラスを受けて資格を取った人のことですが、教育の専任者ではなくクラスが開かれる時にだけ世話役として手伝います。

一般的に教育担当者というと知識や技能を教え込むトレーナー的な役割を持ちますが、スターバックスのファシリテーターは、参加者の心の動きや状況を見ながら相手の気持ちを尊重し、自ら考え、気付きを持ってもらうことを優先します。強制的に教え込むことはせず、一方的に指名して発言を強要することもありません。

「これは、こうなっているんです」と一方的に説明して納得させようとするのではなく、「スターバックスはこう考えているのですが、あなたはどう思いますか」と相手の考えを引き出すように質問をします。

相手がそれに共感すると、今度は「では具体的にどうすれば実現できると思いますか」といったように少しずつ具体論に入っていきます。さらに「これに対して意見のある方、答えていただける方はいませんか」と、一人の意見に対して別の人がどう考えるか意見を引き出していくことで、参加者の合意を形成していきます。ファシリテーターはいかなる場合も断定的な自己主張はせず、主役である参加者の考えを尊重し、上手に意見を引き出すことに専念します。


スターバックスコーヒージャパンのパートナーの中には、ファミリーレストランからの転職組も多いといいます。彼らは、今までの自分のマネジメントスタイルとスターバックスのスタイルがあまりにかけ離れていることに戸惑うことが多いようです。

今までのレストランチェーンは、どちらかといえばワンウェイ型のマネジメントであり、「それは考えなくてもいいから、こうやってほしい」といった指示型の教え方をすることが多いものです。それゆえ、彼らはスターバックスのように効果的に質問を繰り返しながら相手の気付きを促すようなやり方に慣れていないようです。

ファシリテーターは忍耐力と根気強さで、カッとなり感情に流されそうになっても言いたいことを抑え、本人がやる気を損なわないように、褒めるところを探したり、やる気が出るような指導をしたりしていきます。結果として、期待した以上のレスポンスを発揮し成長したり、相手に大変感謝されたりすることで、ファシリテーターも少しずつ成長するのだと言います。

スターバックスコーヒージャパンの角田雄二社長（当時）の言葉によれば、「ファシリテーターとは、スターバックスの遺伝子を伝える役目を持つ存在であり、心や習慣を変えるキーマンとしてきわめて大切な役割を担っている」のです。

ファシリテーターが間違った方向に舵を切れば、まったく別の価値観を植え付け、意識レベルに差のある人を育てることになりかねません。マニュアルのないスターバックスにとって、パートナーの価値観や意識の植え付けはきわめて重要で、そこがバラバラになるとチームとしての結束力やチームワークが乱れてしまいます。

このようにファシリテーターは、スターバックスの理念・イデオロギーを伝承させる重要な役割を担うのですが、いくら資格認定を受けた人とはいえ、現職のストアマネジャーやパートナーに任せるというのは勇気のいることのように思えます。

しかし、専任講師ではなく普段店の中で働く人がファシリテーターであるからこそ、気持ちも通じ合えるのでしょうし、すべての人たちが学ぶ存在であり、教える存在であるというロールモデルが確立されているのです。

ファシリテーターに求められるスキル

繰り返しになりますが、スターバックスでは、人材育成をきわめて重要な要素と考え、多くの時間とリソースを投入していますが、中でも入社直後の早い段階で、スターバックスが大切にしている価値観やイデオロギーを伝える役割を担うファシリテーターには、高度なファシリテーション技術が求められます。

ファシリテーターの行う活動をファシリテーションといいますが、ファシリテーションとは、「複数のメッセージや視点が1つにまとまった、関連性があり、理解されやすいアウトプットに統合するプロセス」のことです。このプロセスを導く役割を担うのがファシリテーターで、

❶プロジェクトや業務に関する知識
❷結果を導く方法論の技術

❸シチュエーションに応じた対応を行う能力

の3つを兼ね備え、正しい目的や結論に導くのが役割となります。

なかなか難解ですが、川下りの船頭とでもいえばいいでしょうか。船乗りとしての技術を備え、状況を判断しながら的確に舵を取り、目指すべきゴールに向かうのですが、周りの環境の説明をしたり、時には歌を歌ったりしながら場を和ませ、危険に遭遇しないようにたしなめたりもします。そして最後はきちんとゴールにたどり着かせます。

ファシリテーターとは、議長であり、世話役であり、道化師であり、コーチであり、リーダーであります。ファシリテーターが備えるべき重要なスキルは、参画者の合意を形成しながらベクトルをあるべき方向へ導いていくコミュニケーション技術です。

間違ってはならないのは、単なる同調者であってはならないことです。**ファシリテーターの最終目的は、参加者を会社の理念や組織目標に対してコミットメントさせることにあります。**間違ったファシリテーションを行うと、互いに傷をなめあうような仲良しの負け犬集団を作ってしまいます。

ファシリテーターの資格を得るには、スターバックスのビジネスについて、コーヒーについて、店舗オペレーションについてなど、６つの研修項目に関して40時間のファシリテーター研修を受講し、毎月１回実施される認定試験で、研修項目に関するプレゼンテーション試験と面接にパスする必要があります。合格率はほぼ50％だといいます。ただし認定試験で不合格となっても再挑戦は可能です。しかもファシリテーター認定は、アルバイトやパートナーにも道が開かれています。

そしてさらに合格後は、３日間のワークショップに参加しファシリテーターとしての技術を学びます。

また、ファシリテーターとして実績を積んだ人の中からマスタートレーナーを認定し、ファシリテーターのレベルアップを図っています。

なお、ファシリテーター資格者は２００１年末の３００店舗強の時点で１００人程度ということでしたから、１８００店舗近くになった現在では６００人以上のファシリテーターが活躍しているものと思われます（２０２３年当時）。

人材育成を支える仕組み

人材育成のステップ

コアカリキュラムを終了し店に着任すると、次に「バリスタ」というドリンクを作る技術者を目指すことになります。

バリスタとはコーヒー豆に精通している人のことで、社員、パート、アルバイトともにその資格用のOFF—JT、OJTを数十時間こなした後、技能がある人に認定されます。

その後も「トレーニー」「グリーンビーン」「イエロービーン」「シナモンロースト」「シティロースト」「スターバックスロースト」と、パートナーたちは豆の熟成度にたとえた七等級を一歩一歩上っていくことになります。

そこでもOFF—JTとOJTを交互に受け、その習熟度を上司に評価されつつ、着実にスキルアップしていくことができるプログラムになっています。

バリスタとして経験を積んだパートナーは、次にシフトスーパーバイザー（SSV）を目指します。SSVとは時間帯責任者のことで、店長の不在時に店舗の運営を任されます。社員のみならずパートやアルバイトも希望があれば、この職位にチャレンジできるようになっています。SSV育成にはSSV用に開発されたモジュールが用意されています。

このSSVの次の職位がいよいよストアマネジャーになるわけですが、いきなりストアマネジャーになれるわけではなく、リテイル・マネジメント・トレーニー（RMT）と呼ばれるストアマネジャー候補生として、RMTプログラムを受講し、トレーニングを受けることになります。

ストアマネジャー候補であるRMTを指導するのは、会社からMCM（マネジメントコーチ&メンター）に認定されたストアマネジャーです。

MCMはファシリテーター同様、社内資格の1つで、現役のストアマネジャーのための資格のことです。ただし、これもすべてのストアマネジャーが持っているわけではなく、一定の教育を受けた者に限られているところは、ファシリテーターと同じです。

MCMは自分の店舗の店長候補生を直接教えるわけではありません。他店の店長候補生のと

【図表13】スターバックスのラーニングジャーニーの概要

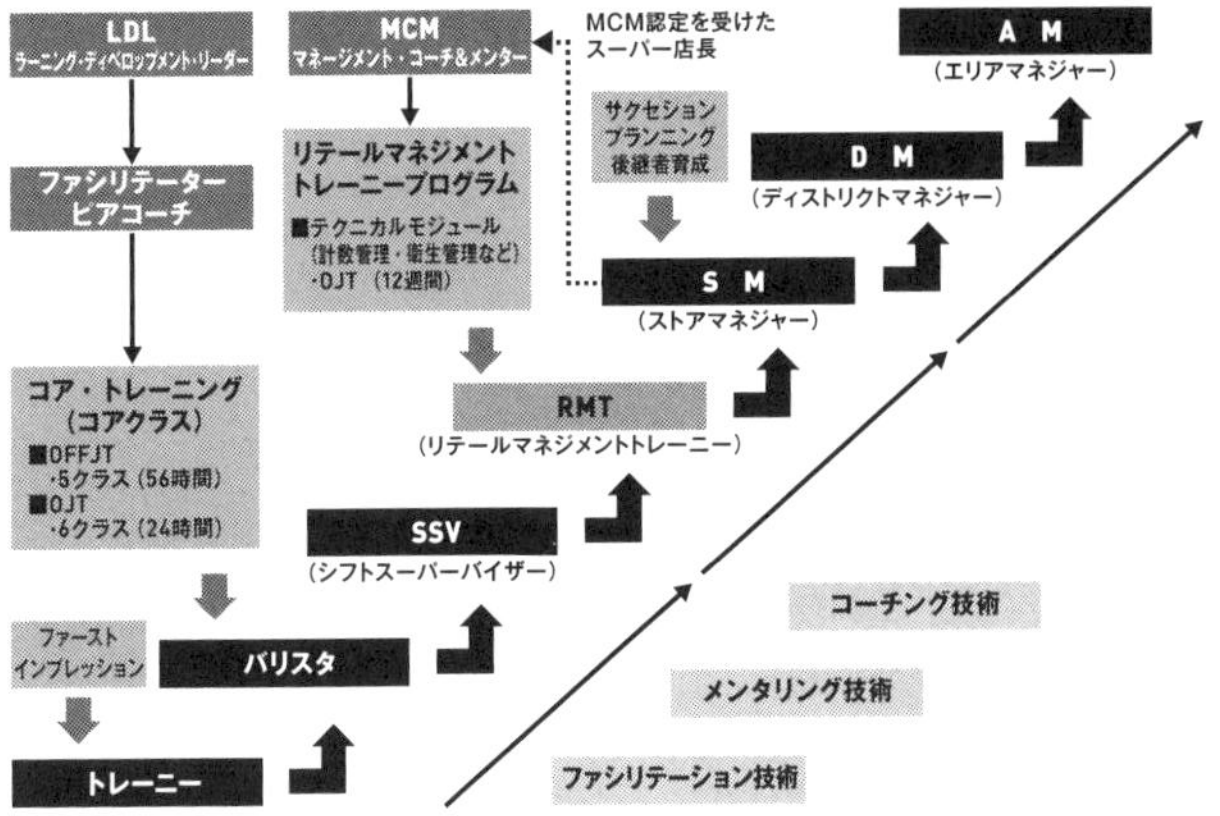

（注）内容は2003年の取材当時のもの

ところまで出向き、その店で家庭教師のように教えるのです。

わざわざ他店の候補生を教えるのは、自店での教育だとどうしても店舗内の業務を優先しがちで、教育に集中できないことがあるからだといいます。

店長を務めるMCMが、店の運営をしながら部下も教えるのでは、例えば教えている最中にレジにお客様が並び出すと、そちらに気をとられて肝心の教育がおざなりになってしまうことになります。これではどちらも片手間になると考え、きっちり時間を分けて、ストアマネジャーとMCMの役割を使い分けてもらうようにしているとのことです。

MCMが指導した後の状況は、RMTの上長であるストアマネジャーに報告されます。

報告内容は、ストアマネジャーおよび当該店舗を管轄するディストリクトマネジャー（地区のスーパーバイザー的役割を担う）やＭＣＭの管理者であるサポートセンターに所属するラーニング・デベロップメント・リーダー（ＬＤＬ）なども加わり、個々の店長候補生について「今日の時点ではここまでできたから、次はこういう点を……」といった形で綿密に考えながらしっかりとフォローします。

そのため、この教育プログラムは半年をかけて行います。スターバックスには、店長候補のＲＭＴと同数のＭＣＭがいて、まさにマンツーマンでゆっくり時間をかけて、店長職であるストアマネジャーを育てていくことになります。

ストアマネジャーによる現場教育

教育は店の中でも続きます。ある女性ストアマネジャーは、インタビューに対して「人それぞれ覚え方も違うし、覚えるスピードもやり方も違います。この人はどういうふうに覚えていくのか、一回でどのくらい覚えられるのか、それをどのくらいできるのかを判断して、その後は、そのパートナーの作業をじっと見守りながら、良ければ褒めます。もう少しこうした方がいいなと思ったら、アドバイスをします」と答えています。このように、パートナーそれぞれの持ち味や動きをよく観察し、良いところは素直に褒め、足りないところも頭ごなしに言い聞かせるのではなく、相手の気持ちや気付きを第一に支援的アドバイスを行っているのです。

こうした教育方法を日常業務の中で実践していくには、相手がどのような考えを持ち、どの段階にいるかを考える必要があります。知識もスキルもないのか、知識はあるがスキルがないのか。また、相手が聞いて覚えるのが得意なのか、見て覚えるのが得意なのか、やって覚えるのが得意なのかを見極めるという高度なコーチングスキルが要求されます。まさに「人を見て法を説け」という言葉通りの対応を、若いパートナーたちが行うのですから本当に感心します。

また、入社時のコアカリキュラムや専門コースのクラスで学んできたことが、パートナーの指導や育成に生きてきます。例えばあるストアマネジャーは、「まず最初にこれからどういうことをするのかを説明します。次に、『私がやるのを見ていて』と手本を見せて、『それじゃやってみようか』とトライしてもらう。その結果『ここが良かったよ』とか『ここはもう少しこうした方が良かったね』とアドバイスします」とも語っています。まさに山本五十六の「して見せて、言って聞かせて、させてみて、褒めてやらねば人は動かじ」というコーチングの行動をとっているのです。

早い段階からコーチを育てる

スターバックスでは、入社後の早い段階からコーチング技術の教育をします。あるレベル以上の人間にしかやらせないのではなく、早くから学び、そして学んだことをすぐに次に入ってくる人に教えられるようにしています。具体的には、**入社して2カ月から3カ月でピアコーチのモジュールを受けていく**といいます。

コーチングは、人間関係を焦点とした難易度の高い技術ですから、あらぬ方向へ動機付けられたり、企業の価値観と違うところで合意が形成されたりすることを恐れ、全社的に取り組まれている例はあまりありません。

ところがスターバックスでは、それを恐れないばかりか失敗を許して成長していくという風土が根付いているようです。中には意図しない方向に力を注ぐ人もいるようですが、支援する側もされる側も失敗することを認めて、勉強になったことをお互いに共有していく風土があります。なぜ、それができるかといえば、ミッション宣言にある「パートナーには尊敬と威厳を持って接しましょう」という理念に共感しているからです。

さて、ピアコーチやファシリテーターの専門資格者の育成についての詳細は残念ながら不明ですが、専門資格取得クラスのモジュールの中には、コーチングワークショップと呼ばれる2日間のプログラムがあり、ロールプレーイングなどを通してコーチングについて学んでいるようです。コーチングの技術は、数日の研修で身に付くようなものではありません。おそらくは、基本概念や考え方について学び、実際には日常の職場の中で、コーチングを受けたりコーチしたりする中で少しずつ学習し、身に付けていくのでしょう。

スターバックスの方々にお会いすると、アクティブ・リスニングや相手の立場に立って物事を考えるといった基本姿勢が身に付いていることがよく分かります。コーチングを通してこうした心を持った人材を育て増やすことで、スターバックスならではの、人を大切にする企業風土が出来上がっているのです。組織風土を変えるのが難しいというのは、教えられればできるとか、こうすればよいというセオリーがなく、一人ひとりが自らの意識を変えることが必要だからです。

さて、ファシリテーターやピアコーチ、MCMなどスターバックスにはさまざまな社内資格制度がありますが、評価や報酬に直接的に反映されるわけではありません。そうした資格を得て、人を教えることによって経験時間が増え、その結果として評価制度に組み込まれているコンピテンシーが高まり報酬が上がるということはありますが、それはあくまで間接的な結果でしかありません。

つまり、**こうした資格はあくまでその本人のやる気や向上心から取得しようとする性格のものであり、「報酬に関係するから資格を取ろう」といったものとは違う**というところは非常に興味深いものがあります。

では、報酬に直接結び付かないからその資格を取る人が少なくなるかというとそうではなく、人に教える役割にチャレンジすることで本人が前向きになったり、周りから「やってみるといいよ」と勧められたりすることによって、自然と資格を目指そうという気持ちになるのだといいます。資格を取り、人に教えたり、自分が新しい経験を積んだりすることで、自分も磨かれていきます。こうした自己実現的な要因がパートナーのモチベーションアップにつながっていることは、スターバックスの人材育成プログラムの大きな特徴といえるでしょう。

ディストリクトマネジャーによる店舗支援

スターバックスコーヒージャパンでは、全国をいくつかのエリアに区分し、さらにエリアをディストリクトに分けています、各ディストリクトには、担当店舗指導を担当するディストリクトマネジャーが配置されています。

ディストリクトマネジャーは、一人平均で6〜7店の指導店舗を担当し、毎月1回報告されるスナップショット（ミステリーショッパーに近い）のデータを分析しながら、現場の指導や教育を行います。そして、毎月1回開催されるディストリクトマネジャー会議によって、全体の情報を共有し、店舗運営の全体の方針を決めていきます。この会議には、社長をはじめ専務、店舗運営部長、エリアマネジャーも参加します。

また、過去から取り組んできたベストプラクティス（成功事例や模範的活動など）は、社内イントラの掲示板や共有ホルダーに入れて、情報の共有を図っているとのことです。各地区の責任者は、それを自由に取り出して、担当する店舗の問題解決に活用しています。

スターバックスでは、上司は問題を解決する人ではなくて、どうすれば解決するのか教わりにいく人と考えているそうです。ディストリクトマネジャーやスーパーバイザーは、問題解決の答えは必ず現場にあり、われわれはその答えを現場で聞き確認するのだ、といった考え方で取り組んでいるといいます。

キャリアデベロップメント

キャリアデベロップメントとは、企業の中で個人の将来の目標に沿ってキャリアを発展させていく考え方や制度のことで、関連する職務を経験しスキルアップを図る過程を意味しています。残念ながら流通サービス業界では、キャリアデベロップメントを考えた人材開発を行っている企業は少ないように思います。

スターバックスのキャリアデベロップメントは、ずいぶん多様な道が選択できるようになっているようです。

新規採用されコアクラスを終えたパートナーは、全国にある店舗のうち基本的には自宅から通える範囲内の店舗へと配属されます。そしてSSV（シフト・スーパーバイザー：時間帯責任者）↓ストアマネジャー（店長）↓ディストリクトマネジャー（地域内の数店舗を統括）↓エリアマネジャー（数ディストリクトを統括）へとステップアップしていくのが、スターバックスのキャリアプランの基本モデルです。

勤続一年以上のパートナーは、サポートセンター（本部）のマーケティング、物流、財務、人事などのセクションへ社内公募制度を利用して応募できます。

逆に、サポートセンター勤務の社員用にホリデーヘルパーという制度があり、店舗勤務ではない社員も店舗での仕事を経験することができるようになっています。

サポートセンターにいてお客様の顔が見えにくくなり、疑問や問題を抱え、壁にぶつかった社員は、現場に立つことで問題を再認識したり解決の糸口をつかむのだといいます。

また、自分が学んだことを職場ですぐに発揮してもらいたいと考え、ジョブローテーションやコーチングの教育について、段階的にではありますが、早い時期から行っています。

例えば、新卒入社の社員はまず既存の店舗に配属されて現場教育を受けた後、次なる育成ステップとして新店舗のオープン現場を経験させます。このように、社員の将来を見通した育成計画を立案し、それに基づいて早い段階からさまざまな経験を計画的に体験させる仕組みを持っています。ちなみにジョブローテーションは、各エリアで行われる人材配置会議により決定するということです。

また人事考課の結果、その人のデベロップメントエリア（キャリア開発の対象）が明確になった段階では、サポートセンターの教育専門部隊によって個々のデベロップメントプログラムが組み立てられ、次のキャリアパスに必要な課題が設定され、集中プログラムをマンツーマンで実施していくとのことです。ここまで個人のキャリアデベロップメントを考えサポートする会社はそう多くはないでしょう。

第6章

スターバックス流トレーニング術

人材育成を支える技術

「社員の福利厚生を充実させれば競争上優位に立てる、というのが私の持論である。（中略）優れた人材を獲得し、その働きに報いる機会とは見なされていないのだ。私はレースの勝者になりたかった。だが、ゴールインしたときにだれかを置き去りにするようなことは絶対にしたくなかった。一握りのホワイトカラー経営陣と株主が社員を犠牲にしてゴールインしても、それは勝利とは言えない。全員でテープを切らなくてはならないのだ」

ハワード・シュルツ『スターバックス成功物語』（日経ＢＰ社）より

スターバックスの人材育成のポイント

人材育成に関する今までのチェーン店の発想といえば、合理化の観点ばかりが優先され、採用してからいかに短時間で戦力化できるかや、トレーニングにかかる費用をどうすれば削減できるかに重きが置かれてきました。入社してすぐの1日目にマニュアルやビデオを手渡し、それで一通りの仕事の流れをつかんでもらうと、翌日には店に立たせ実際の仕事をやらせながら「後はOJTで」と現場に任せてしまうようなことが多いのではないでしょうか。

しかしスターバックスでは、新人パートナーの教育に80時間もかけたり、店長候補であるRMTの教育に半年もかけるなど、スターバックスの社員でさえも「ここまで教育に時間とお金をかけるのか」と驚くほど、教育に力を注いでいます。

教育やトレーニングの方法も「教える側と教えられる側」という一方的なものではなく、ファシリテーターが受講者の主体性を重視した進め方を行っています。さらに、教える側も教えられる存在であるというような相互補完の関係を作り、学習効果を高めていることは前章で紹介した通りです。

英語では「教育」をEducationといいますが、その語源はラテン語の〝引き出す〟という言葉であるといいます。「内在しているものを引き出すこと」を意味しているのです。

まさに**スターバックスの教育の進め方には、教え込むのではなく相手の力を引き出してあげようとする姿勢があります**。

ここで、特にスターバックスの教育システムで注目したい点を3つ紹介しましょう。

①採用直後の教育段階から目標意識を植え付けていること

コアトレーニングで行われる各クラスでは、あらかじめ自分で目標を設定します。そして、その目標をどこまで達成できたかをトレーニング終了後に自己評価を行ってチェックします。もちろん、落とすためのチェックではありません。コアクラスで不合格になる人はいないということですが、このチェックはあくまでも自己評価であり、必ず目標を持って行動するのだという意識を入社時から植え付け、後述するＭＢＯ（Management by Objective：目標管理制度）の考え方を早い段階から受け入れさせる準備の意味合いを持っています。

②知識よりも受講者の気付きを大切にして自主性の芽を育てていること

各クラスでは、まずパートナーに意見を求め、続いて講師が助言したり自分の考えを述べるようにして気付きを大切にしています。また、仕事は自らが主体となって率先して行うものだとの意識を植え付けます。

マニュアルに頼らず自らが主体的に取り組む人を育てることは、スターバックスというブランド力を高めるためにも重要なことです。ブランドには形がなく、顧客が抱く印象で評価が決まるからです。従って、どんな状況にあっても自らの判断で自主的かつ臨機応変に対応できる人を育てることが、ブランド力を高めることにつながることを理解し教育を組み立てています。

③スターバックスのビジョンと人材育成が一体化していること

教育そのものの内容やパートナーに求めるスキル要件は、すべてミッションステートメントをブレークダウンして作られたコンピテンシーによって明確化されています。どのような人物を求めるのか、どのように育ってほしいのかといった人間像もすべてここに記されています。また、どこまでスキルが高まったかという評価も、ミッションを具体化したコンピテンシーに照らして行われ、フィードバックされる仕組みになっています。

コーチング技術を学び、人の育成に活かす

スターバックスでは人と人とのコミュニケーション能力を高めるために、あらゆる場面においてコーチング技術を活用しています。コーチングとは、相手の話をよく聴き、理解することから始め、相手が気付いていない潜在的に備えている能力を引き出し、相手を信じて任せることで、目標の達成に向けて動機付けしていくコミュニケーションスキルのことです。

スターバックスでは、ファシリテーターやピアコーチに早い段階からコーチングの考え方を教え、技術を体験させ、社内でコーチを育成しています。彼らは、理念や価値観に共感する人材を育て、組織へのコミットメントを高めるという大きな役割を担っています。

コミットメントとは、「個人が組織に対して一体化している程度」のことです。スターバックスでは会社が目指すゴールや価値観に共感する人を採用し育て、スターバックスという組織の一員であることを意識させ、目標に対しても深く関与させることでコミットメントを高めています。

ファシリテーターは単に知識やオペレーション技術を教えるのではなく、それぞれの意識に訴えかけ、心に火をともすようにしています。これは非常に難しい仕事ですが、スターバックスではコーチングの考え方を企業文化の1つとして取り入れ、人間同士の信頼関係づくりとコミュニケーションを高めることに成功しています。

人が持っている能力は、われわれが自覚している以上に大きなものです。実際に使っている能力を顕在能力、使っていない能力を潜在能力といいますが、よく氷山に例えられるように8割近くの能力はわれわれの中で眠ったままだといいます。

ところがわれわれは、潜在能力はおろか、顕在能力さえ満足に活かしていません。**「彼はやればできるのにもったいない」という言葉をよく耳にするように、本来備えている能力を満足に発揮できずにいる人は実に多いのです。**

なぜ潜在能力は使われずに眠ったままなのでしょうか。なぜ自由にこの能力を発揮することができないのでしょうか。

まず、自分自身で「どうせできっこない」とか「やるだけ無駄だ」と決め付けてしまい、チャレンジ精神を失っていることが1つの理由として考えられます。この「できっこない」という先入観が能力開発の妨げとなって、潜在能力は永遠に顕在化することなく眠り続けることになるのです。

例えばこのような話があります。小さい頃からロープで杭につながれて育ってきたサーカスの象がいるとしましょう。小さい頃は、何とかここから逃げようと、杭を引き抜こうとしました。しかし、生まれたばかりの象には、杭を抜いて逃げ出すほどのパワーがありません。おそらく何度も何度もチャンレンジしたでしょうが、それでも抜けない杭を前に、象は逃げることを諦めてしまいました。それから何年も経ち象は大きく育ちましたが、今も同じ杭につながれています。

本当は、象のパワーならば、その杭を抜いて逃げ出すのはたやすいことです。しかし、いくら頑張っても抜けないと思い込んでしまった象は、二度と杭を抜こうとは考えません。

人間は象よりはるかに賢いですが、象と同じように思い込み、潜在意識の中で不可能だという気持ちがインプットされてしまうと、可能なことも不可能にしてしまうといいます。

また、上司や仲間がその人の持ち味や強みに目を向けず、十分相手を理解せずに「あいつはダメだ」「どうせできないに決まってる」と決め付けてしまうこともあります。このようなネガティブな言葉のことをキラーフレーズといいます。これでは持っている力を発揮できるはずもありません。では、どうしたらこの眠った能力を引き出すことができるのでしょう。その1つの答えが、スターバックスが人材育成の要とする**コーチング技術**にあります。

スターバックスの人材育成に欠かせないコーチング

スターバックスが企業文化として取り入れ、コミュニケーションを磨き信頼関係を築く上で重要な要素としているのがコーチングの考え方です。

そもそもコーチングとは、Coach（馬車）から派生した言葉で、「大切な人を目的地まで送り届ける」というのが本来の意味です。

スポーツの分野では昔から有名ですが、マネジメントの世界で使われ始めたのも意外と古く、ハーバード大学のマイルス・メイスが、『The Growth and Development of Executives』（1950年）という本の中で「マネジメントの中心は人間であり、人間中心のマネジメントの中でコーチングは重要なスキルである」と位置付け、ビジネスの世界に広まっていきました。

【図表14】コーチングと従来型リーダーシップの違い

	コーチング	従来型リーダーシップ
基本姿勢	相手に気付かせる、学ばせる	教える、指示する
答えの持ち主	本人	リーダー、上司、マニュアル、教本
答えの導き	本人が解答を持っている	リーダーが解答を持っている
主要スタイル	傾聴する、質問する、導く、信じる、任せる	指摘する、指示する、結果を把握し評価する
部下を見る視点	持ち味や長所を見つけ出す	問題やその原因を探索する
部下の評価の力点	結果と合わせてプロセスを重視する	プロセスよりも行動の結果、成果を重視する

コーチングの定義はさまざまですが、「相手の持っている能力とやる気を引き出し、目標に向けてサポートするためのコミュニケーション技術」と考えればよいでしょう。

スターバックスの人材マネジメントを見ていると、コーチングの特徴がよく表れています。

まず、答えを持っているのはコーチではなく参加者であると考えていることです。スターバックスのファシリテーターがクラスのサポートを行う際に、教えるのではなく質問をしながら参加者の考えを引き出していることを思い出していただければ分かるでしょう。

そして答えは必ずしも1つではなく、唯一の答えを求めるわけではありません。参加者

【図表15】マネジメントサイクルとGROWモデル

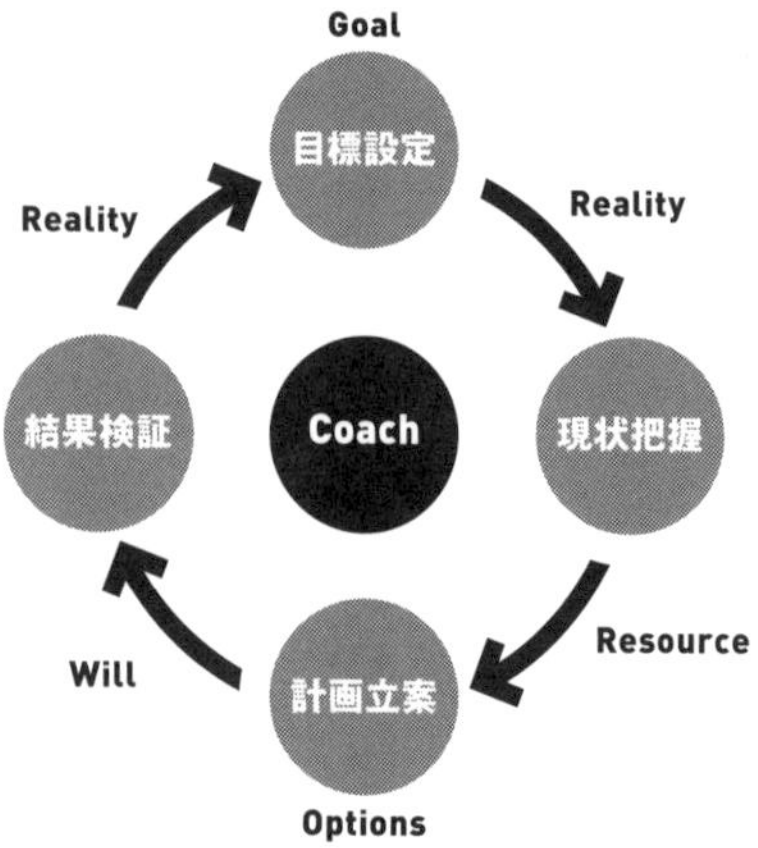

である個人やワークショップに参加したチームの合意こそが答えとなります。

従って、主体は教える側のコーチあるいはファシリテーターではなく、参加者本人であるということが大切で、ここが一般的に行われる知識付与型の教育スタイルと大きく異なる点です。

コーチングの流れは、**GROWモデル**を使って説明されます。

GROWとは、「成長する、育つ、大きくなる」という意味で、コーチングの中では相手の自主的な行動や学習を促し、目標達成の支援を行い組織的パフォーマンスを高めるマネジメントと考えて下さい。

コーチングでは、このGROWという言葉

の頭文字に沿って質問形式をとりながら、相手自らに答えを導かせるようにします。

・G（Goal）
目標の明確化＝目指す到達点を明確にして実行意思をはっきりさせる。
・R（Reality）
現状の把握＝目標と現状のギャップ、すなわち問題とその原因を顕在化する。
・R（Resource）
資源の発見＝目標達成のために使えるあらゆる経営資源を明確にする。
・O（Options）
選択肢の創造＝あらゆる可能性を追求し、ベストな選択肢を選べるようにする。
・W（Will）
目標達成の意思確認＝やる気を確認し、具体的な行動計画を策定し進捗管理する。

単純に訳しただけでは分かりにくいでしょうが、次の手順で進めます。

❶目標を明確にして

❷現状を正しく把握し認識し
❸目標達成のために何をどのようにすべきかを計画し
❹その結果を検証しながら新しい発見や気付きを促し
❺新たな目的と手段を考え選択し、新たな計画を立案する

いうなれば、ＰＤＣＡというマネジメントサイクルそのものですが、指示命令によってマネジメントするのではなく、相手が主体となって自主的に考え行動するように促していきます。こう考えると、**コーチングの技術は目標管理の考え方とも合致します**。

後述しますが、スターバックスでは目標管理制度を導入していて、コーチングと目標管理が関係性を持って活用されています。

ストローク

コーチングには、「相手の存在を気遣いつつお互いを認め合い、人の持ち味を能力として引き出し、各々の目標達成に向けて持続して、自主性を発揮し活動する」といったコミュニケーションスキルが求められます。相手を受け入れ、才能を伸ばしていくように働きかけ、相手の考えの中から答えを引き出すスキルといえるでしょう。**コーチの活動において重要な点は、まず相手の存在を認め、手を広げて相手のすべてを受け入れ、そして言葉や行動で目的に向かって働きかけ導いていくという姿勢です。**

相手の存在を認め、働きかけることを、行動心理学の世界では「ストローク」といいます。ストロークには、プラスとマイナスの2種類があります。プラスのストロークとは、心理的面では「褒める、励ます、称賛する、ほほえむ、うなずく、同意する、話しかける」などで、マイナスのストロークとは、「叱る、皮肉を言う、隠す、無視する」といったまったく逆の行動を指しています。

例えば、ある新人が上司に対して業務改善の提案をしたとしましょう。上司から見れば欠点だらけの提案ですが、それをいきなり「新人は、言われたことをまずこなしてから講釈を言え」と言うか、「入社して間もないのに積極的な提案はうれしいよ。でも、もう少し現場の仕事をよく理解してから再検討してみてはどうかな」と柔らかいストロークを用いるのとでは、結論は同じでも相手への印象は天と地ほど違います。

「してみせて、言って聞かせて、させてみて、褒めてやらねば、人は動かじ」という言葉を何度も申し上げてきましたが、手本を示したり、具体的な手段を細かく与えたり、ものの道理を

【図表16】GROWモデルと質問例

GROWモデル

Goal

『目標』

達成したい目標

【質問例】

「達成したい目標は何ですか?」

「具体的に実現したいことはありますか?」

「10年後の夢を教えてもらえますか?」

「あなたならもっと頑張れるはずですよね?」

「では、今週の目標を作りましょうか?」

Reality

『現状』

目標の達成状況

【質問例】

「目標の達成状況はいかがですか?」

「具体的に実現できたことは何ですか?」

「夢に近づいた実感はありますか?」

「先週の目標は達成できましたか?」

「何が障害になったのですか?」

Options

『選択肢』

他の可能性の追求

【質問例】

「どんな方法が考えられますか?」

「その選択が最も効果的でしょうか?」

「選択肢の障害は考えましたか?」

「どれがベストでしょう?」

「とっても良い選択をしましたね?」

Will

『意思』

成し遂げる意思

【質問例】

「本当に達成できればハッピーですね?」

「やる気はありますか?」

「いつまでにやりますか?」

「来週のスケジュールは大丈夫ですか?」

「あなたならきっとやり遂げるでしょうね?」

説いたり教えたり、そしてやらせてみて、その結果を褒めたり叱ったり、状況に応じて効果的なストロークを使い分け、相手の心理を読みながら導いていくのがコーチングの技術なのです。

すなわちコーチングとは、相手の状況に応じてストロークを使い分け、相手の持てる力を引き出したり、相手が自らの手で目的地に向かうように誘導したりする質問技術など、さまざまな手法や技術を駆使して、目的地に自ら歩を進めさせるコミュニケーションスキルのあり方と考えていいでしょう。

コーチングとはやる気を引き出すこと

コーチングの大きな目的の1つは、相手の〝やる気〟を引き出すことですが、そもそもやる気とはなんでしょうか。


確かにやる気は目的意識と深い関係にあります。「横綱になりたい。そう強く願い続けた者しか横綱になれない」という名言を残したのは、初代若乃花です。

また、ニューヨークヤンキースのジョー・トーリ元監督は、「何かが本当に欲しくてたまらないとき、突如として思いがけない能力が発揮されることがある。信念（決意と言ってもいい）があれば、私たちが日頃から不可能だと思っていることも成し遂げられる」と言っています。

自分がこうなりたい、会社をこうしたいという強い願望がやる気の出発点であり、まず願わなくては何事も始まりません。

また、「物事を積極的に進めようとする」ということは、別な言い方をすれば「前向きな気持ちを持って行動する」ということです。つまり、目標に向かって前向きに進もうとする「意識」です。その意識が行動によって示されたときに、「彼はやる気がある な」と周囲は認めてくれるのです。

従って、**やる気を引き出すには、〝明確な目的・目標〟と〝積極的に立ち向かおうとする意識〟が不可欠**ということになります。


広辞苑には「遣る気」とは「その場の勢い、なりゆきにまかせて他方へ行かせる。進ます。行かす。送る」と説明があります。このことを考えれば、やる気は自ら能動的に生み出す行為という見方もありますが、やはり背中を後押しする協力者が必要ということになります。それがコーチです。

自ら目的を持ち、前向きな意識で行動できるように自己統制できればいいのですが、なかなかそうはいきません。だから、組織の中で手助けできるコーチを育てることが必要になります。

スターバックスにはファシリテーターやピアコーチ、MCMといった支援者が大勢いて、コーチング技術を専門クラスで学び、フィールドで実践し、その技術を自分のものにしています。また、入社間もない段階からコーチングの洗礼を受けたパートナーを次々と育て、すべてのパートナーがコーチングの心得を理解し、支え合うチームを作り上げているのです。

従業員をフォローする制度として、新入社員の相談相手となりサポートするメンター制度を取り入れている会社は数多くありますが、コーチングを企業文化として定着させている会社はあまり多くはありません。

ちなみに、コーチングに類する言葉として、カウンセリングやメンタリングがあります。カウンセリングは、心理的な安定を目的に心理面の支援を行います。一方、コーチングは、もっと踏み込んで指示的アドバイスなどを加えながら、相手の持つ本来の能力ややる気を引き出すことを目的に、目標達成や問題解決に積極的に関わりキャリア中心の支援を行います。

またメンタリングになると、心理的支援とキャリア的支援の双方について関わり、主としてメンター（熟練者）が一対一で支援を行うようにします。定義は別として、いずれも〝心の変化〟を支援するものである点では共通ですが、コーチングやメンタリングは個人目標に加えて組織目標を強く意識し、コミットメントを高めることを目指すところにポイントがあります。

やる気へ導くコーチングのプロセス

コーチングの考え方を使って人をどのようにやる気に向けさせるのか、そのポイントを考えてみましょう。ここでは大阪電気通信大学やる気研究会の研究内容を元に紹介します。

やる気とはすぐに生まれてくるものではありません。例えば、へこたれてやる気がなくなった状態から、一気にやる気にさせるのは難しいものです。まず、やれるという自信が必要で、やれる気持ちにならなければやる気にさせることはできません。

上司から「何も考えるな」「言うとおりやればいい」「おまえの意見など聞いてない」と言われ、やる気が下がったときは、しぶしぶ〝やらされ気〟で仕事をすることになります。また、自分は本当に能力がないと自信を喪失すると〝やれん気〟になります。すっかりふてくされてしまえば、仕事に対して〝やらん気〟になってしまいます。

つまりやる気の周辺には、やる気に関係して〝やれる気〟〝やらされ気〟〝やれん気〟〝やらん気〟という状態があると言います。この各々の状態によって、やる気を引き出す方法も違ってきます。では、どのようにしてやる気を引き出せばよいのでしょう。

①「やれん気」から「やれる気」そして「やる気」へ

やる気の低い人を見てもったいないと思うのは、能力はあるのに自信がなくて〝やれん気〟の状態にある人が多いことです。この状態にある人には、まず自信を付けさせることが一番大切です。

次に、〝やれる気〟になった人を〝やる気〟にさせるには、重荷にならない程度の「責任ある仕事」を与え、さらに教える側が多少勇気をもって「任せる」行動を取ります。人は任せられることによって「信頼されている」と感じ、大きな力を発揮するようになります。

そしてさらに、責任ある仕事を任され目標を達成できたという経験がもっと大きな自信を生み、仕事の楽しさを見つけ〝やる気〟が一層高まります。

②「やらん気」を「やる気」へ

〝やらん気〟は、往々にして能力はあるのに行動できない人に多いものです。このような場合は、仕事の進め方について部下の意見を求め関与させたり、話し合いの時間を多く取り、目標の設定や成果判定に関与するなどの相互補完が効果的です。

また、原因がはっきりしないことには手が打てませんから、相手の気持ちがつかみ切れない場合は、積極的にコミュニケーションを増やし、相手の本音を引き出すことが大切です。

【図表17】やる気に導くマトリクス

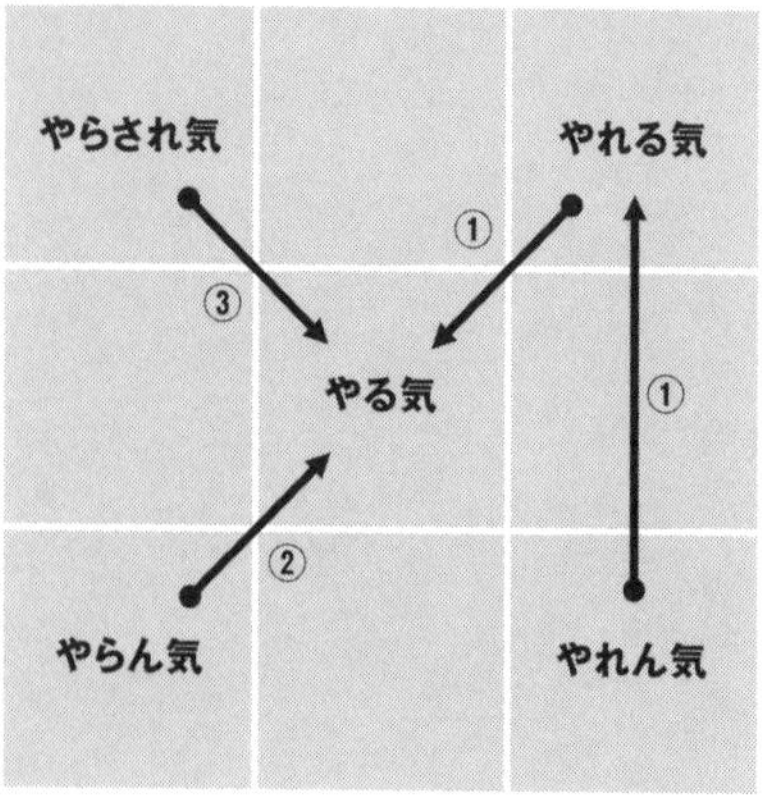

出所：総合法令出版「やる気の人間学」を参考に作成

中には、よく話し合ってみると〝やらん気〟と思っていたものが、実は自信がなくて〝やれん気〟になっている場合もあるといいます。

③「やらされ気」を「やる気」へ

〝やらされ気〟の人は、本人の主体性が欠如している状態にあります。自分の夢やゴールが見えないまま「言われたからしょうがない」など、なんとなく仕事をしています。言われたことはきっちりそつなくこなしますが、自主的に考えて行動することはありません。

上司から見れば、ある面使いやすいともいえますが、「打てども響かない」「なんとなく物足りない」と感じることが多くなります。

例えば、仕事を始めて半年くらいで、ある

程度仕事を覚え、「こんなもの」とすっかり悟ったような気になった人に〝やらされ気〟の人が多くなります。

こうした状態の人への働きかけとしては、まず、本人の価値観や目標に合致する点を探し出し、本人を目標設定に関与させ、進捗状況に関しても本人の意見を積極的に求めていくことが効果的です。

このようにさまざまな感情や個性を持つ人たちがそれぞれ違った立場で、役割も責任の大きさも違う状態で仕事をしています。そして、その人それぞれの価値観や人生観も異なりますし、状況によって感情の変化も見られます。

コーチはそれぞれの気持ちを考えながらゴールに導いていくわけですが、その状況は子育てによく似ているところがあります。

例えば、ハイハイをしていた子どもが初めて立ち上がったときのことを思い出してみましょう。職場では絶対見せない満面の笑みを浮かべて、「すごいねー、よくできたねー、おまえは天才だ」など、知りうる限りの賛辞の言葉を投げかけたはずです。もちろん赤ちゃんは言葉を理解できませんが、褒められていることは分かるようで、たまに勝ち誇ったような顔をします。そして、すっかり自信を付けて、伝い歩きや一人歩きを始めるのです。

「這えば立て、立てば歩めの親心」の通り、小さな成功を積み重ねて「やればできる」という自信を付けさせること、少しずつ高い目標を設定しチャレンジさせること、こうしたステップを踏むことで、やればできるという意識を植え付けることが何よりも大切でしょう。

コミュニケーションを深め信頼関係を築く

情報を共有し分かち合う

スターバックスは自分たちのビジネスを「ピープル・ビジネス」といい、成功要因として人間同士の信頼関係、すなわちコミュニケーションを大変重要視しています。

経営学者のピーター・ドラッカーは、「**経営上の問題のすべての原因はコミュニケーションのまずさにある**」と言っています。確かに、社員研修などで現状の問題点について議論すると、従業員とのコミュニケーション不足という結論になることが大変多いものです。

Communicationを辞書で引くと「伝達や連絡、通知」などと訳されています。その語源はラテン語CommunisやCommon、あるいはCommunicatioであるといわれ、語源から本来の意味を考えると、「同じ物を持ち共有化すること。それによって自己認知と他者認知の差をなくすこと」になるそうです。英語のshare（共有する、分かち合う）という言葉に近い意味があります。

人間関係の基本は、情報を共有し相互に理解し合うことにあるといわれることからも、コミュニケーションが非常に大切であることが分かります。

「うちの会社の人間関係は細くて長い糸で結ばれているようなものです」という言葉を聞くことがたびたびあります。ではどうしたら、太くて短いパイプによって相互理解を深めることができるようになるのでしょう。

コミュニケーションの語源からも分かるように、**従業員との人間関係を大切にするには、まずお互いが同じ情報を分かち合う必要があります**。それが「君たちを信頼しているよ」という意思の表れになります。

もし仮に、上司から「これは君には関係ないことだ」とか「言われたことだけ黙ってやっていろ」と言われたらどうでしょう。「自分は信頼されていない」と思うだけでなく「どうせ私なんかその程度にしか思われていないんだ」と失望し、やる気をなくすはずです。こんな上司にもっと意欲を持って仕事に励めと言われても、誰も動くはずがありません。

しかし、小さなことであっても可能な限り部下に情報を発信し共有することで、部下は自分たちのことを信用してくれていると思うようになります。情報共有は、信頼関係を築く第一歩なのです。

スターバックスの場合、店でのパートナー同士の情報共有のために「パートナーズノート」という業務上の連絡事項を記すものと、「エクスペリエンスノート」という感動を分かち合うためのノートがあるそうです。後者には、「こんな接客をしたらお客様にとても喜んでいただけました」といった感動体験が記され、みんなでこのことが共有されるようになっています。

マネジメントレターも、会社の方針や経営の考え方を伝え共有することで、信頼関係を強める重要な要素になっています。

また、情報を共有し相互理解を深めるには、社員とパート・アルバイトという線引きをなくし、同じビジネスパーソンとして接することも大切です。スターバックスではすべての人をパートナーと呼んで、社員とパート、アルバイトとの垣根を低くしています。

情報はいつでも取り出せるようにする

情報とは「ヒト、モノ、カネの経営資源の状況を明らかにするもの」です。経営資源の資源を、英語ではRe-Sourceといいます。Reとは繰り返すという意味です。ですから、情報とは**いつでも必要な時に取り出せる形になっていなければ、情報とは言えない**ということになります。

あなたの会社では、情報をいつでも取り出せるように共有できているでしょうか。

あるコンビニエンスストアには、「連絡ノート」なるものがあります。どこのチェーン店にもある連絡帳ですが、業務連絡をメモと化している場合が多い中、このチェーンでは一歩進んだ使い方をしています。この連絡ノートにはさまざまな店の出来事が記され、共有されているのはもちろんのこと、「POPはこうして貼るときれいですよ」といったアイデア出しや、仕事を引き継いだ人から協力をお願いするコメントなど、実に具体的で細かな記載があります。従業員同士が売場改善や集客のアイデアを一冊のノートによって共有することで、アイデアを出し合ったり意見交換したりと、シフトの関係で顔を合わせることのできない従業員同士が語り合う場のような使われ方をしているのです。

また、メール文化の定着した今では、顔を合わせられないからコミュニケーションが取れないなどという言い訳はできません。仕事にやりがいを持ち、お互いに確かな目標を持っている人同士であれば、きっと情報の共有によって、お互いの信頼関係を深めることができるはずです。

良き聞き手になること

ユダヤの格言に、「人には口が1つなのに耳は2つあるのはなぜだろうか。それは自分が話す倍だけ他人の話を聞かなければならないからだ」という言葉があります。聞き上手は話し上手ということわざと同じく、人の話を聞くことは非常に大切なスキルです。

一般的に「あなたにとって魅力ある上司はどんな人?」というアンケートを取ると、「親身になって話を聞いてくれる上司」という答えが上位にきます。

あるチェーン店でパート従業員に「頼りになる店長の条件」についてアンケートをしたときも、やはり「よく話を聞いてくれる店長」という答えが最も多く見られました。

このことは、信頼されるリーダーになる条件ともいえます。短い時間であっても積極的に従業員の声に耳を傾けることが、従業員の信頼を生むと同時に、「あなたたちを仲間として大切にしています」という証にもなるのです。

ところが、短時間勤務のパート、アルバイトでは時間がマチマチで話し合う時間が取りにくいのも事実です。ですから、意識して話を聞く時間を作らなければ永遠に分かり合うことなどできません。

ある飲食店チェーンの店舗を回って従業員の方々にお会いしたときのこと、「もう2年も勤めていますが、店長と話をしたのは採用面接の時くらいでしょうか」というパートさんがいました。話すのも「おはようございます」「お疲れ様です」だけだと苦笑していました。忙しいからとか、シフトの関係ですれ違いが多くてという言い訳をよく耳にしますが、話を聞こうと心に決めて、よほど意識しなければ時間は取れません。

話す能力を高めたければ、聞き上手になる訓練を重ねるというのが賢明なやり方だと言われます。ただし、聞くのではなく、相手の言いたいことを受け止める気持ちで親身になって〝聴く〟姿勢を持つことが大切です。これをアクティブ・リスニング（積極的傾聴）といいます。

では、なぜ人の話を積極的に聞くことが大切なのでしょうか。そのポイントは次の4点が考えられます。

❶ 気持ちが晴れる…話す側は話を聞いてもらうことによってモヤモヤが解消する
❷ 理解が深められる…話をしながら自分の考えを整理することができる
❸ 相互理解、信頼が育まれる…胸のうちを明かすと開かれた関係になり、相互の理解と信頼が増す
❹ 雰囲気が良くなる…相互にわだかまりがとれると、職場の雰囲気が明るくなる

積極的傾聴を必要とする仕事は沢山あります。例えば、裁判所の判事の場合は、相手の矛盾点や弱点を見つけ、追求して嘘を暴こうとする聞き方をします。医者は、患者の言葉から症状を知り病気を突き止め、治療法を見つけようとします。

では、ビジネスの世界ではどうでしょう。部下の仕事の状況を確認し、ウィークポイントとチャームポイントを理解しながら、部下の課題解決に協力してあげるような聞き方をするはずです。

共通するのは相手が何をいわんとしているか、言葉の裏側に何が隠れているかを一生懸命に聴くことです。また会議などの対話シーンであれば、「相手の意見を肯定的に聞いて受け入れ、合意を形成すること」を忘れてはいけません。そして、「相手の存在を認め、相手を尊重する心構えを持つこと」が重要になります。

上司がアクティブ・リスニングを心がければ、部下は必ず変わってくるはずです。なぜなら、相手が傾聴していると分かれば、話す側も発言に注意を払ったり、正確に伝えたりしようと努力しますし、発言に責任を持つようになるからです。

そして、会議などへの参加者全員がアクティブ・リスニングを心がければ、それぞれの自分と違った考えも受け入れながら、対話による包括的なコンセンサスの形成を導くこともできます。

アクティブ・リスニングは聴き手の変化だけでなく、話し手にも内面的な変化をもたらすのです。多少大げさに言うなら、人間的な成長を生むものともいえるでしょう。

ここで、聞き手の心構えについてまとめておきます。

①相手の話の腰を折らず、途中で言葉をさえぎらない

少し話しが長かったりまどろっこしかったりすると、結論を先に急いで「結局はなんだ」「結論から先に言え」と言ってしまうことがあります。私にもその傾向があります。また、話の途中で自分が聞きたい、まったく別なことに話をすり替えてしまう上司がいます。こういう人は注意が必要です。

②相手の目を見て話を聴く

にらみ付けては困りますが、腕組みをしてそっぽを向いていたり、何か別の仕事をしながら話を聞く態度を取ってはいけません。部下が真剣に話そうとしているなら、聴く側も真剣に受け止める必要があります。

以前、私の上司にこんな人がいました。相談事に行くと「悪いが今は時間がない、後でじっ

くり聞くから時間を決めてくれ」と言います。そして約束の時間になると、椅子を突き合わせて、「それじゃ始めようか」と真剣に私の言葉に耳を傾けてくれました。その上司は、中途半端な聞き方は決してしません。それが、部下であるわれわれの信頼を得ることになったのは言うまでもありません。

③相槌を打ったり、メモを取ったりして関心を示す

あなたの元にメーカーから営業マンがやって来たとしましょう。あなたが、最近の販売傾向や要望について話しているのに、その営業マンがメモも取らずに話を聞いていたとします。あなたはその営業マンをどう思いますか。きっと心のどこかで「こいつは信用できないな」と思うのではないでしょうか。部下の気持ちも同じことです。一生懸命話してくる部下に、パフォーマンスであるにしろメモを取れば、きっと部下はその態度を見て喜ぶに違いありません。

④一方的に考えを押し付けない

「うちの店長は、聞くには聞いてくれるのですが、その後の反撃が怖いんです」。つまり、部下の話をきっかけにここぞとばかりに、自分の主義主張を押し付けようとするわけです。また、自分の考えをしゃべり始め、熱をおびてくると、「そう言えば君はこの間……」と思い出した

ようにミスをとがめる。これでは、部下に信頼されるはずはありません。聞くと言ったらトコトン聞いてあげる。それによって部下の気持ちは楽になり、受けとめてくれる上司に信頼の気持ちを抱くように変わっていくのではないでしょうか。

関与の度合いを高めること（対話の重視）

上司は、日頃から「私はいつもあなたが一生懸命仕事しているところを見ています」という態度を部下に知らせることが重要です。

そのことを態度で示すには、「ご苦労さまでした」「いつもありがとう」「頑張ってるね」とちょっとした声がけで十分です。あなたの働きに関心を持っていますという態度を示すことが大切です。

こういう態度の取れない上司の元では、「一生懸命頑張ったって誰かに見られているわけでもないし」とか、「私に無関心なのは頼りにされていない証拠よ」と、従業員は自分たちへの無関心さに腹を立ててしまいます。

チェーンストアの場合には、本部からの指示や指導が徹底していますから、ついつい言われるままに淡々と仕事をこなすというやり方になりがちです。店長もまた従業員に対して「本部のお達しだ。この通りやってくれ」といった態度で、売場責任者や従業員に指示命令を下すことが多くなります。そこでは、命令する者と命令される者の、一方通行の関係になってしまいます。

そこでそのような場合には、「本部からはこうするように言ってきているんだが、○○さんはどう思う。私はこれならお客様も喜んでくれると思うんだが」といったように、時には従業員の仕事への関与の度合いを高めると、部下は店長が自分を信頼して相談してきたと思い、その仕事に参画していることへの喜びを感じてくれるようになるのではないでしょうか。

相手を認める

病院の待合室で、前の患者と医者の会話を冷静に聞いていると、たいてい医者は多くを語らず「そうですね」「そういうことも考えられますね」と、患者に同調していることが多いことに気付きます。特にベテランの医者に多いような気がします。私のかかりつけの先生も、「そうね」とか「だと思いますよ」というように、私の言うことにうなずくようにして話します。診察時間は極めて短時間なのですが、この先生の診察を受けた後は、気持ちが安らぎ持病が良くなった気がするから不思議です。

実は、医者は治療面接の手法として、心理学の「容認」と呼ばれる対人関係の持ち方を使って、自分のことをよく理解して診察してくれているという安心感を持たせているといいます。その上で、医者からこうしなさいと言われると、患者は言うことを聞かざるをえなくなるようです。

このように、相手の話をよく聞いて同調的な態度をとり、その上で言うべきことを言うと部下の受け取り方も大きく変わってくるのではないでしょうか。また、**部下は上司に対して潜在的に2つのことを期待しています**。それは、**褒められることと、認められること**です。2つは異なることではありません。部下は、褒められることで自分が認められているということを自覚するのです。

コーチングでは、これを「認める」「同意する」という意味の「アクノリッジメント」(Acknowledgment)と言います。人は誰でも、自分が実際にやったことで、自分が成長し変化していることに喜びを覚えるものです。そして、変化の達成感に喜びを持ち、自信となって次も頑張ろうという意欲を持ちます。

アクノリッジメントは直訳すると「承認」ですが、ただ相手を認めるのではなく、部下を効果的に褒めることでモチベーションがアップする有効なスキルなのです。

アクノリッジメントで大事なのは、何よりも「事実」を伝えることで、そのためには相手をよく観察することが必要です。

上手に叱るコミュニケーション術

スターバックスの中で、叱るという教え方をしているかどうかは定かではありませんが、褒めてやる気を促していくのと同じくらいに、上手に叱れることで人間関係を深めることもできます。私は、叱り上手なリーダーをたくさん知っています。その人たちは、叱ることで見事に部下との信頼関係を作っていました。

そうした叱り上手なリーダーを見て、学んだことがあります。

①真剣に叱る

心の底から、間違っていることを正してあげることです。正すことで育ててあげたいという愛情を持ち、真剣に叱るとその熱意が伝わり信頼感が高まります。

②感情的に叱らない

叱ることと怒ることは違います。感情的になって怒鳴ったり、権威を振りかざすような叱り方では愛情や熱意は伝わりません。逃げ道なく追い込んでしまうのも問題で、冷静に対処する必要があります。

③具体的に叱る

どうして間違っているのか、なぜいけないのかというような、叱る理由をきちんと示し、具体的に指摘すれば部下も何がいけなかったのか納得します。叱るポイントは1つに絞りましょう。思い出したように昔のことまで叱るのは慎むべきです。

④ミスではなく怠慢を叱る

ミスは誰でもします。そのミスをいちいち指摘するのでなく、その過程での怠慢を問題にしなければなりません。また、同じミスを繰り返したときも、その原因を見つけ、対処を怠ったことを叱る対象とすべきです。

⑤叱りっぱなしにしない

叱った後のフォローを忘れてはいけません。叱ったまま放っておくと、叱られたその場限りをしのげばいいと甘えてしまいます。改善のための助言やその後のフォローを行うことで信頼関係は深くなります。

⑥行動を叱り、人間性をとがめない

行動や事実を対象に叱り、品性や人間性を叱ってはいけません。ですから、「お前は性根が腐ってる」といった言葉は厳に慎むべきです。

⑦人前で叱らない

叱られているところを他人に見られるのは誰でも嫌がることです。人前で叱るとどうしても見せしめのように思われてしまいます。スポーツの世界では、あえてチームのみんなの前で叱ることで、リーダーの意思をチームメンバーに知らしめることがありますが、アルバイトやパートにはなかなか理解してもらえません。

⑧くどくどと叱らない

叱るのは、端的に短い時間で終わらせましょう。1つのことを注意しているときに、あれもこれもと別のことまで持ち出してはいけません。そして、くどくど叱るのは避けるべきです。

⑨アラ探しをしない

自分を管理者だと思う人が陥りやすい間違いは、部下の欠点や失敗ばかりに目が向くことです。完璧な人間などいませんし、人にはそれぞれ持ち味があるのですから、問題点を指摘しようと思えばいくらでも見つけられます。叱ることが上司の役割だと思っている人はいないでしょうが、できるだけ人の良いところに目を向けるようにしたいものです。

⑩小言を言わない

部下の過ちを叱って正してあげているのかと思いきや、ブツブツ小言を言っているような人は絶対に好かれません。叱る、褒める、元気付ける、助けるなど、はっきりとした態度で部下に接するべきです。

⑪思い込みで叱らない

自分で事実認定せずに、他人から言われたことを真に受けて叱ることは失敗の元です。自分が見て確認した以外のことについては、事実であるかどうかをはっきりさせてから、必要があれば叱るようにします。

⑫口先で叱らない

褒めることでも同じことが言えるのですが、口先だけで褒めたり、叱ったりしてはいけません。そのような褒め方、叱り方は、部下に見透かされますし、決して効果はありません。

信じて任せる

「君ならできる」と信じれば思いは現実になる

心理学に「ピグマリオン効果」と呼ばれるものがあります。それは、ギリシャ神話に由来する話です。ピグマリオンは自分が彫刻した女性像があまりにも美しいので、その彫刻に恋をしてしまい、女性像に実物の女性になってくれと祈るようになりました。この様子を見ていた女神アフロディテは、ピグマリオンの純粋な恋心に打たれ、その女性像に命を吹き込み、二人はめでたく結婚できたという神話です。

ピグマリオン効果とはこの神話のように「きっとこうなると心から信じて期待していると、相手がその期待に応えるようになる」という現象のことをいいます。

彼は見込みがある、頼りになるという部下に接するときは、自然と相手に対して期待を持って接するので、部下にもそれが伝わって意欲を見せるようになります。

逆に、彼には困ったもんだと日頃から思っている部下に対しても、「同じ人間なんだから彼もきっとできるようになる」と信じて任せれば、その信頼に応えようと意欲を持って仕事に励み、今までと違った力を発揮することもあります。人は信頼を示せば変えることができると信じることが大切ではないでしょうか。

任せる勇気を持つ

いくら優秀な人であっても、一人で何から何までできるわけではありません。リーダーは自分が中心になって動くところと、部下に任せるところを併せ持つことでチームの生産性を高めつつ、部下の成長を促すように考え行動すべきです。

神戸製鋼のラグビーチームOBで、日本IBMヘッドコーチを勤めた大西一平さんは、「優れた選手は、ともすればすべてを自分でやりたがる。細かなことでも心配で誰かに任せる気になれない。芸術家や職人の世界ならそれでもやっていけるが、組織でそれをやれば、ワンマン体制が出来上がるだけだ。個人として優れていればいるほど、それで墓穴を掘るケースが多い」と言っています。確かに、優秀な人ほど部下の仕事の出来栄えやその方法を黙って見ていられずに、ついつい自分で動いてしまうところがあります。

いつまでも仕事を任せられない人を見ていると、いくつかのパターンがあるように思います。

❶部下を信じられずに任せられない人

❷自分でやらなくては気のすまない人

❸部下の成長を恐れる人

この3つのタイプがあるようですが、特に人を信じることに臆病な人たちが多いようです。

確かに、信じて任せることにはリスクもあります。エンパワーメントという言葉が「権限委譲」と訳され広まってからというもの、何かと権限委譲を盾に自分の都合の良い解釈をする人が増えましたが、権限を委譲し仕事を任せると同時に、任された側にも、任せた側にも「責任」が発生します。

しかし、そうしたリスクを怖がってばかりでは任せることはできません。

スターバックスの店には、1つの仕事だけを行う専任者はいません。店の仕事はすべて誰もができることが条件で、誰が何をやるというのではなく、気が付いた人が率先して仕事をしていきます。スタッフが自信を持って仕事ができるようになっているのは、失敗を恐れずに相手を信じて積極的に仕事を任せていく習慣ができているからです。

指示・命令から任せる管理へ

店の中では、次から次へと来店されるお客様に対して、店長が個々に細かく仕事を指示してチェックをすることは不可能です。おのずと、従業員それぞれの状況判断と主体的な行動がどうしても必要になります。ですから、仕事を任せることで主体性を発揮させ、自分で考え行動する人を育てなければ、店は回っていきません。

各人の行動を細かくチェックし、干渉し、指示・命令によって目標達成に導こうとするマネジメントは、彼らの仕事のパーツが組み合わされて形となるような、システム開発などのビジネスになら向いているかもしれません。しかし、流通サービス業の仕事はそのようなものではありません。確かに上司は、部下の進捗に注意を払う必要がありますが、細かな仕事の進め方については できる限り口出しせず、「君に任せた。頼むぞ」と部下に任せることが大切です。放任であってはいけませんが、干渉しすぎてもいけません。

もちろん、入社したばかりの社員に仕事を任せて「さあ頑張れ」と言うわけにはいきません。

最初は、指示的行動を取り、仕事を覚えてもらうことが必要です。仕事を理解し自分の役割をきちんとこなせるようになれば、小さな目標から与えて、それに向けて自主的に動けるように仕事を少しずつ任せていきます。

上司は助言や指導を中心に行い、その進め方や方法など行動過程においては、できる部下を信頼し任せて、部下が主体的かつ積極的に活動するように動機付けていくようにすると、責任感も生まれますし、自主性も目覚めてきます。

そうすれば、チームの生産性や仕事の質はもっと高まりますし、何よりも働いている本人が仕事を楽しむことができるようになるはずです。

第7章では、スターバックスの人事制度の全体像と評価制度についてみていきながら、人事制度の骨格ともいえる目標管理制度とコンピテンシーの活用について考察します。

第7章

スターバックスは人間関係によって結ばれた組織

スターバックス流の考え方

「スターバックスにとっての最優先事項は社員を大切にすることである。なぜなら、社員はわれわれの情熱を顧客に伝える責任を担っているからだ。この第一の課題をクリアすれば、顧客を大切にするという第二の目標も達成されるだろう。そして、この二つが共に達成されてはじめて、株主に長期的な利益をもたらすことが可能になるのである」

ハワード・シュルツ『スターバックス成功物語』（日経BP社）より

スターバックスの人事制度の特徴

結束力の強い組織とは、信頼関係でしっかり結ばれている組織のことです。ヒエラルキー型の組織の中で、年功序列でポストが与えられ、終身雇用制度に守られるということだけが組織を維持する力となっているような時代は終わりつつあります。これからはスターバックスが目指す組織のように、お互いに尊敬し信頼し合う人間関係によって結束力を高めた組織と、人間同士の相互補完によって組織的能力を高めていくような組織作りが求められてくるのではないでしょうか。

こうした人間関係を大切にする組織運営のベースになっているのが、前述のコーチングでありコンピテンシーという考え方です。ここではスターバックスの人事制度全体について、まずその特徴を見てみましょう。

スターバックスコーヒージャパンの人事制度は、存在意義や価値観を表すミッションステートメントを最上位に掲げ、それをブレークダウンしたコンピテンシーを中心に置き、評価制度や人材開発などすべての人事制度が組み立てられています。

その柱として、4つの基本的考え方が示されています。

① Employer of Choice となるための仕組み作り

働きやすく魅力的な職場環境を作り上げ、働く人に選ばれる会社となるように人材マネジメントシステムを築くことを表しています。顧客価値の最大化をもたらすためには、顧客満足度を高める努力が必要ですが、顧客にそれだけの価値を提供するのは生き生きとしたパートナーであり、彼らを迎え入れ育ててあげる仕組みを考えようということです。

② Pay for Fairness を実践するという考え方

期待される成果を明確にし、それを正しく評価し、処遇する仕組みを構築することです。ケーススタディによる評価者の研修を徹底的に行い公平な評価を行います。

③ Psychological Benefit を創出する組織マネジメント

従業員の処遇は経済的な安定だけでなく、精神的に安心して働ける環境も提供する、人に優しい企業となることを目指しています。

④ Mission Management を可能にする

企業価値を継続的に高めていくためにも、人事処遇の軸がぶれないようにするためにも、ミッションを機軸に人事諸制度を含めた社内のシステムを構築していきます。

（出典：神戸大学大学院経営学研究科社会人ＭＢＡコース・ビジネスシステム応用研究ミニプロジェクト発表会資料）

このようにスターバックスでは常に人を中心に据えた考え方に基づき、パートナーの成長を促す人材育成制度や評価制度が作られ、納得性の高い報酬制度に結び付いた人事制度が構築されています。

会社は従業員を大切にしているというメッセージを諸制度の中に取り入れ、それによって従業員は会社の思いを感じ、ミッションを理解し、ミッションに沿って行動するという好循環が生まれているのです。

自律型組織を目指すスターバックス

人材マネジメントを仮に2つに大きく分けるとするなら、「指示命令型」と「自律型」に大別できます。

「指示命令型」とは、ピラミッド構造を持つ組織の中で、トップからボトムに向かう指示命令を中心としたマネジメントが行われます。オペレーショナルレベルへの権限委譲は弱く、前線で意思決定されることも、ボトムアップで会社の方針が決められることもありません。日本がかつて米国に学んだチェーン理論にもこうした考え方が色濃く反映されています。

起業して間もない会社はその典型で、トップが社員に対して「何をすべきか」と「どのようにすべきか」について、逐一自分の考えを伝えて指示命令を下します。そしてそれが遂行されたかどうかを逐一チェックし、コントロールします。従って一人のトップによって動きが決まるため、カリスマである個人の求心力とマネジメント力によって組織の生死は決まります。

そして、会社が次第に大きくなり、複数の店舗を構え、まさしくチェーン化すると、組織の末端にまで目が届かなくなり、創業カリスマによる指示命令型の統制に限界が見えてきます。

そこで、繰り返し行われる作業を中心に仕事の単純化と分業化が進められるようになり、トップの指示命令に替わって、細かい部分に関してはマニュアルが仕事の進め方を代弁することになります。チェーン型をスポーツで例えると、サインプレーを中心とする野球チームといえるでしょう。

一方「自律型」とは、多店舗展開しているか、していないかにかかわらず、トップマネジメントからは基本的な方針や目標を示されるだけで、具体的に「何をどうやるか」についてはミドルマネジメント、あるいは各人が考えて行動します。

常に、会社のビジョンや方針と照らした上で何を行うべきかを自ら考え、相互に合意の上に数値、あるいは質的な目標を定め、自己統制しながら目標達成を目指すのが自律型の組織です。

スターバックスの目指す人材マネジメントスタイルはどうかといえば、このサッカーチーム的な「自律型」の組織です。

確かにスターバックスには、ハワード・シュルツというカリスマが存在し、その個人の価値観が組織の中でも唯一絶対のものとしてミッションステートメントなどのメッセージとなり掲げられています。しかし、何をどのように進めていくかについては、自主性を大切にした委任型のマネジメントにより自律型の組織を作っています。

ここ十数年で、こうした自律型の人材マネジメントを標榜する会社が増えました。しかし、マニュアルレスなど表面的なところだけ真似ている会社が多いように思います。

スターバックスに見られるほど、自律性とそれを厳しくマネジメントするシステムの両方を兼ね備える企業は少ないのではないでしょうか。

人事制度の全体像

スターバックスの人事制度の概要

スターバックスの人事制度の特徴は、目標管理制度とコンピテンシーモデルによる成果主義を基本としている点です。

「彼は一流大学を出たから仕事ができるはずだ」といった期待を中心とした能力主義でもないし、職務要件書に照らして「この仕事はできているが、この仕事はできていない」といった職務中心の評価を行う制度でもありません。また、業績を絶対とする業績主義や結果主義とも違います。すべての評価は、目標管理とコンピテンシーによって決められますが、目標管理にしてもコンピテンシーにしても、ベースにあるのはミッションステートメントです。売上げや利益の達成をベースに組み立てられた評価ではなく、スターバックスが大切にしている理念や精神、価値観に従ってどれだけ忠実に動いたかを評価します。

また、コンピテンシーは単に評価のためだけにあるのではなく、採用や人材育成、資格制度における基本となる考え方です。**スターバックスの人事制度の大きな特徴は、コンピテンシーが制度全体の中心的な位置付けとして存在するところにあります。**

制度の中心となるコンピテンシー

コンピテンシーとは成果に結び付く行動や努力のことで、目に見えない要素が多く定量的な測定や評価が難しいため、評価制度の中にコンピテンシーを取り入れる企業は多くありません。取り入れてもそのウエートはわずかなものであることが多いようです。

また、コンピテンシーを高めるために教育を考える場合も、知識中心の従来型の教育が通用しないため、コンピテンシーに基づいた教育制度を作り上げている企業も多くありません。

しかしスターバックスでは、評価制度だけでなく教育制度、能力開発においてもすべてコンピテンシーを中心に置き、それに基づく成果達成プロセスを目指すアクションラーニングを制度として作り上げています。これもまたスターバックスの人材開発の特筆すべき点です。

【図表18】スターバックスコーヒージャパンの人材マネジメントの概要

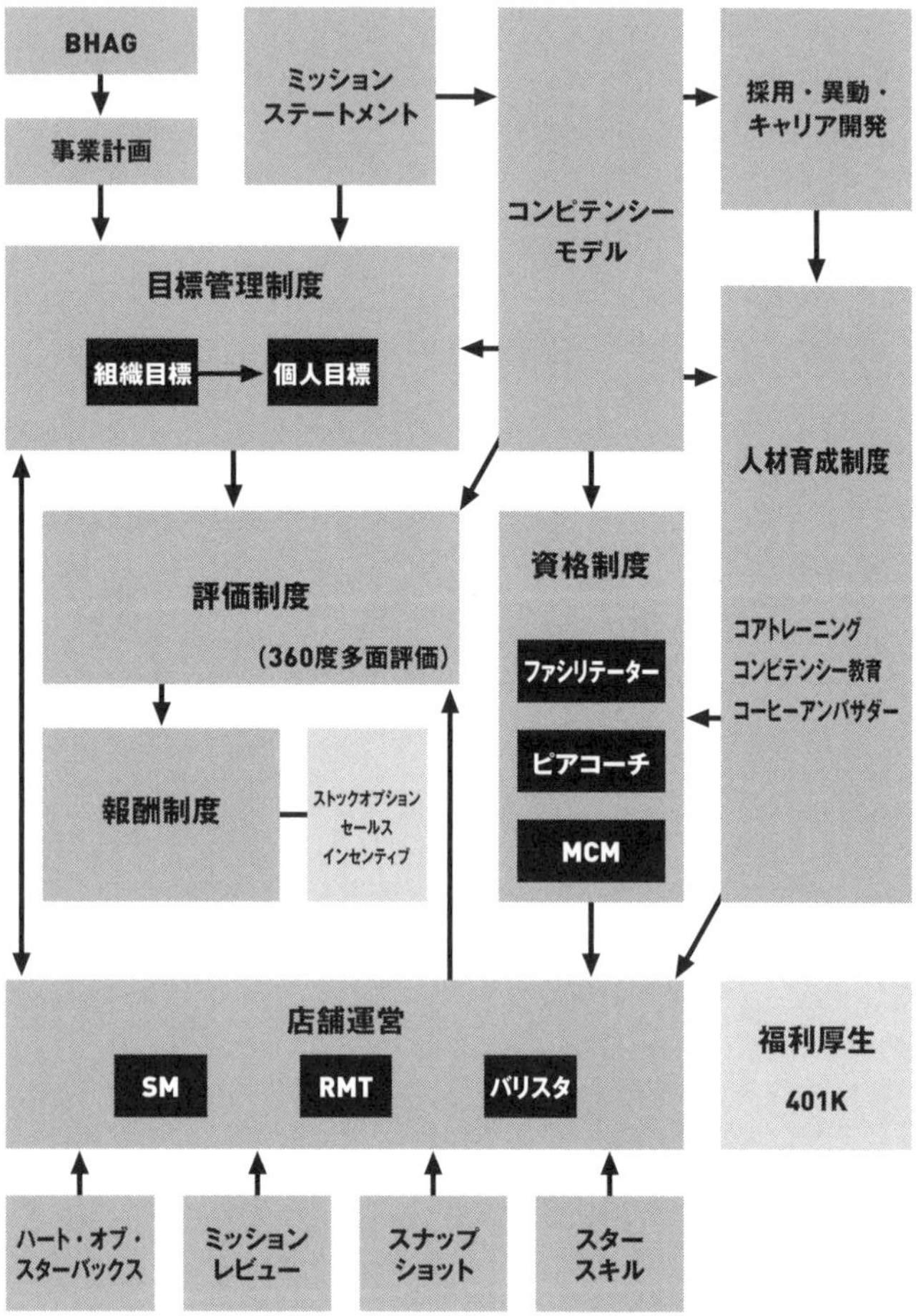

（注）内容は2003年の取材当時のもの

一般的にコンピテンシーを導入する場合は、好業績を挙げるマネジャーや営業スタッフの行動を分析し設定することが多いのですが、スターバックスのコンピテンシーは、ミッションステートメントを具現化したもので、会社の理念から人物像をブレークダウンしてつくられています。

コンピテンシーには6つの重要なキーワードがあります。「ホスピタリティ」「コミュニケーション」「チームワーク」「ピープルデベロップメント」「カスタマーサービス」「パフォーマンスマネジメント」という6つのビジネス姿勢を示すコンピテンシー・バンド（ハイパフォーマーに共通した行動特性）です。

そこには、それぞれのコンピテンシーレベルにおける要件が明文化されていて、さらに実際の職務を遂行していく上での「ヒューマンスキル」「テクニカルスキル」「コンセプチャルスキル」という3つのスキルをその上に載せて、コンピテンシーモデルを作っています。

スターバックスでは、この6つのコンピテンシー・バンドを「まずありき」として設定し、すべてのベースにしています。どんなに3つのスキルが優れていても、それだけでは結果としてコンピテンシーは成り立たないと考えています。まず6つのビジネス姿勢があってその上にスキルがあり、結果として成果につながる仕組みになっているのだといいます。

【図表 19】6つのコンピテンシー・バンド

スターバックスが求める仕事への取り組み姿勢

(1) Hospitality

相手をあらゆる方法で理解しようとし、さまざまな方法で役に立とうとしようとする姿勢

(2) Communication

相手のことを自分の考えや感情で歪めることなく理解し、単に言葉だけでなく、言葉で表現されない相手の考えや感情を理解する姿勢。また自分の考えを相手に伝えるため、説得・印象づけ、確信を与え、自分の考えている方向へ他者を動かす姿勢

(3) Team Work

チームの目標を達成するために組織全体やチームのパートナーのことを考え、他のパートナーと協調して仕事をしようとする、あるいはチームの一員であろうとする意志や姿勢

(4) People Development

自分の部下や後輩の知識・技能・能力などの必要なレベルを的確に分析し、さらに育成しようとする意欲に基づいて行動する姿勢

(5) Customer Service

顧客（社外・社内問わず）が自分に対して何を求めているのかというニーズを発見しながら、顧客を助けたり、顧客に役に立つ行動を起こす姿勢

(6) Performance Management

設定された目標を達成しようと粘り強く取り組むだけでなく、仕事をさらにうまくやろう、より高い成果を達成しようとする姿勢

出典：「人材教育」May 2000（株）日本能率協会マネジメントセンター

人を大切に育てる

コンピテンシーを活かした人材開発

一般的にコンピテンシーの活用といえば、人事考課基準、給与・賞与基準、等級制度への活用など、評価制度に関するものが主流です。コンピテンシーラーニングという考えはありますが、人材育成の分野での活用はまだ定着していません。

せっかくコンピテンシーを抽出して評価制度に組み入れているのに、能力開発になると従来通りの階層教育や知識詰め込み型の集合研修しか行われていない会社が多く見受けられます。

しかしスターバックスでは、どのような人になってほしいのか、またどのようなスキルを持つ人を育てるのかなど、人材開発における基準としてコンピテンシーを置いています。

また、採用の段階でもコンピテンシーが活かされ、採用基準となる人物像にもコンピテンシーが色濃く反映されているのだといいます。

従って、採用から育成、評価、異動など人事のすべてについてコンピテンシーがベースとして組み込まれているため、人を育てる場合にも機軸がぶれてしまうことがありません。

企業研修の中には、研修という既成事実を作るために研修しているといった馬鹿げたことが行われたり、業務や成果に反映しないような研修になったりしているケースも見られますが、スターバックスでは、一貫性を持った人材育成が実現されているといえるでしょう。

ビーンストック（ストックオプション）

スターバックスでは、一緒に働くパートナーこそが、第一に考えるべきもっとも大切なステークホルダーであると位置付け、社員とアルバイトの区別なく対応しています。

例えば、組織のコミットメントを高めるのに大きく貢献したと言われるのが、株式会社の従業員や取締役が、自社株をあらかじめ決められた価格で購入できる**ストックオプション制度**（スターバックスではこのストックオプションを「ビーンストック」と呼んでいる）です。1週間に28時間以上、継続的に半年以上勤務しているなどの一定の条件を満たした社員やアルバイト、パートを対象に、ストックオプション制度を導入しています。

仕事に対して意欲を持ち、組織目標に向かって励んでいるパートナーにとっては、このストックオプション制度によるモチベーションアップ効果は測り知れません。

それによって、企業価値が上がり、株価が上がったときにはみんなで成功を分かち合うことができるなど、目標を共有し互いに励まし合いながら達成に立ち向かっていこうという意識も高まり、組織の結束はよりいっそう強いものとなります。

パートナーの福利厚生

スターバックスコーヒージャパンでは、これまで辞める社員には退職金を一括で支払っていましたが、それに代わる制度として導入されたのが401K（確定拠出年金）で、給与としてもらうことも自分で運用することもできる幅広い選択肢が用意されています。

導入の経緯としては、会計基準の変更に伴うコスト削減が理由として挙げられているようですが、パートナーのさまざまなニーズに合わせた支給ができるという面で、福利厚生としてのメリットは大きいと考えられます。

例えば、同社では男性社員に比べて女性社員の方が早い時期に成果を出すことが多いそうですが、結婚・出産のため退職する時期が早くなる傾向があります。今までなら退職金の伸びのカーブは遅く、女性の在職中に出した成果に見合わないなどの不都合もありましたが、この制度により解消されました。

第8章

目標管理と評価制度

目標にもとづく管理

「経営に携わるようになった当初から、スターバックスを誰もが働きたがる人気のある会社にしたいと考えてきた。他の小売店やレストランよりも高い給料を支払い、他に抜きん出た福利厚生制度を整えることによって、コーヒーに対するわが社の情熱を人々に伝えたいという強い意欲を持つ教育水準の高い人材を集めたかったのだ。社員の福利厚生を充実させれば競走上優位に立てる、というのが私の持論である」

ハワード・シュルツ『スターバックス成功物語』（日経ＢＰ社）より

目標管理制度

スターバックスコーヒージャパンの評価制度は、目標管理（ＭＢＯ：Management by Objective）とコンピテンシーの２つの評価軸によって構成されています。評価のウエートは、目標管理によるものが50％、コンピテンシーによるものが50％となっています。

目標管理の部分は、定量的な数値目標だけでなく定性的な目標設定も行われ、定量的部分は売上高や利益などの達成度によって評価されます。

定性的な部分については、一般的に定性的要素を可能な限り測定可能な数字に置き換えようとするものですが、無理に定量化するようなことはありません。

目標に対する成果は上司により評価されます。また、スターバックスコーヒージャパンでは、人事評価は点数を付けて人をランク付けするものではなく、より良い仕事をするためのアドバイスの機会と捉えています。

そのためコンピテンシーレベルも通常の会社のように、マネジャー、SV、店長などではなく、コーヒー豆にちなんで、〝Green Bean〟〝Yellow Bean〟といったように、コーヒー豆のローストの段階で表現しています。硬く青い生豆がじっくりとローストされていき、スターバックスの提供するコーヒー豆のようにおいしく成長してほしい、という経営陣の気持ちの表れだといえるでしょう。

さて、評価制度のあり方は、これが絶対に正しいというものはなく各社各様です。日本でおそらく最も多く導入されているであろう「職能資格制度」を採用する企業でも、その詳細設計や運用方法はまったく異なっています。

最近の傾向として、成果主義に基づく評価方法を採用する企業が増えているものの、流通サービス業界の中で、スターバックスのように目標管理のウエートが50％も占める企業はそう多くはないでしょう。

また、コンピテンシーについても同様で、評価制度にコンピテンシーを組み入れている企業はあまり多くないように思います。

目標管理による評価

スターバックスの正社員の目標管理は、職位ごとのＭＢＯ用シートによって運用されています。

白紙のフォーマットが基本とのことですが、ストアマネジャーから上の職位のシートは項目が決まっているようです。

例えば、ディストリクトマネジャーの場合、「パートナー」（Partner：人材価値の最大化）、「カスタマー」（Customer：顧客満足度の向上、顧客感動の創出）、「ビジネス」（Business：優れた製品・サービスの企画・開発）の大きく3つの項目ごとに目標を設定するようになっています。

【図表20】スターバックスコーヒージャパンの評価制度

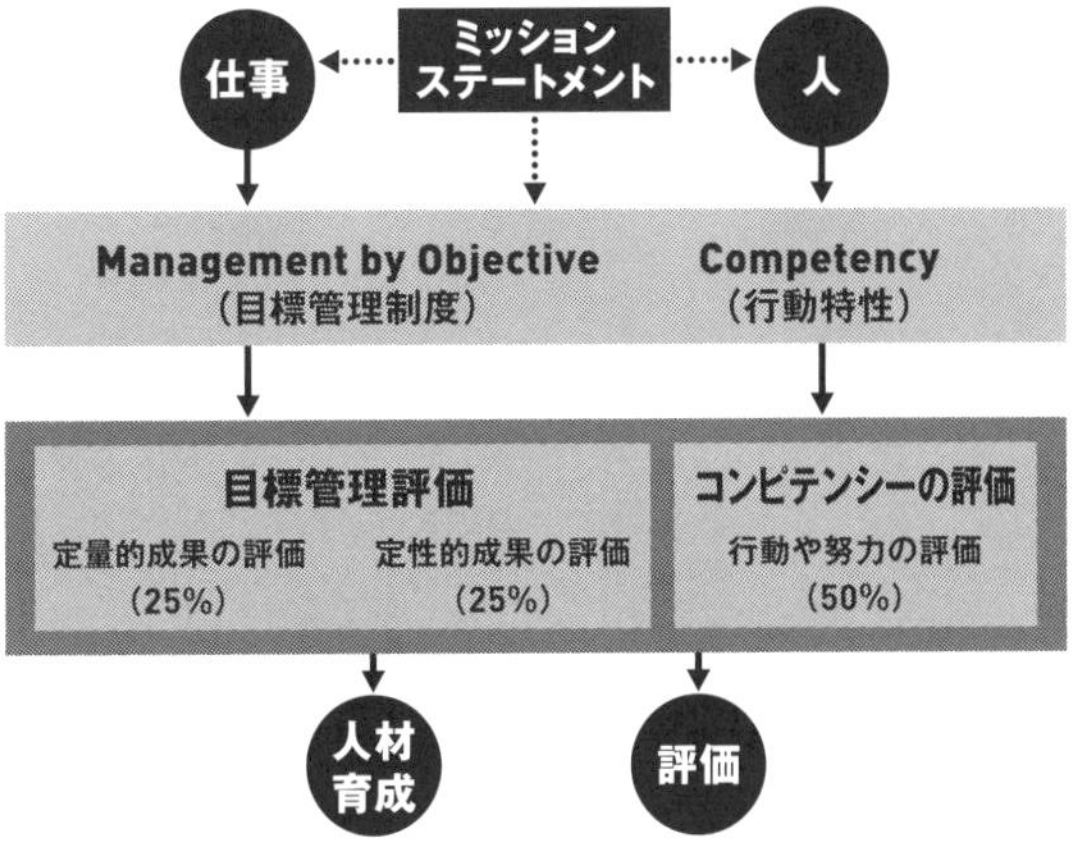

スターバックスは、パートナーを企業価値創造のための源泉であると考えており、この3つの資源に沿った形で、パートナーが自分なりの目標を決め、自己統制させるツールとなっています。

設定目標には定量的なものと定性的な目標があり、定性的なものは上長と話し合いの中で目標作りが行われます。定性的な目標は達成度を測定することが難しいのですが、あえてそれを採用しているのは、目標管理制度を単に動機付けや行動を促す手段としてではなく、コミュニケーションのツールとしての活用を重視して考えているからです。

目標設定記入欄は、それぞれの項目について5項目記載できるようになっています。目標の設定が多いことに多少驚きますが、目標管理の進め方自体は一般的なものです。

ただし、アクションプランについての記入欄がないことから、MBOシートとは別にアクションアイテムと行動計画が策定されるものと思われます。

各目標については、重要度あるいは難易度によってウエートが設定され、上司の6段階の評価ポイントと掛け合わされた点数で評価が決まります。

目標管理において重要なのはフィードバックですが、上司コメント欄に上司のメッセージが書かれていることから、考課面接の際にフィードバックを行い、次回の目標作りについて話し合えるようにしているのでしょう。

スターバックスでは年に3回の人事考課を行い、目標の達成状況や今後の取り組みについても話し合うといいます。また、職位によってスナップショットの結果などを見ながら、どのように進めていくかをお互いに考え、次の目標設定作りなどへフィードバックされるそうです。

また、評価の50%はこの目標管理で決まるわけですから、評価の納得性を高めるためには考課者教育が重要になりますが、どのような考課者研修が行われているかについては明らかにされていません。

目標管理制度を評価に組み込むと、結果さえ良ければよいという結果主義に陥ったり、簡単に手の届きやすい目標設定になりやすかったりなどが危惧されることがあります。しかしスターバックスコーヒージャパンの場合には、コンピテンシーにより本人の努力や行動をしっかり評価することで、結果主義的な運用になることを防いでいます。

【図表21】MBO用シート（District Manager用）

2001年度　MBOシート（for District Manager）

所属部署	所属店舗	コンピテンシーレベル	ID	氏　名

目標設定時記入欄			評価時記入欄			
項　目	目標内容	ウェイト(%)(Total100%)	達成結果	自己評価（1~6点）	上司評価（1~6点）	上司コメント欄
Partner						
Operations Excellenceの実施						
計画的な人員配置						
店舗の安定化						
トータル100%になっていることを確認してください			Partnerについての加重平均点			
Customer						
カスタマースナップショット点数						
スナップショット印象評価						
サービスタイム						
トータル100%になっていることを確認してください			Customerについての加重平均点			
Business						
売上		30%				
店舗利益		30%				
マークアウト		10%				
ガイド比		15%				
現金過不足		5%				
予算の策定		10%				
トータル100%になっていることを確認してください		100%	Businessについての加重平均点			

<評価点について>
6点:目標水準をはるかに上回った　5点:目標水準を上回った　4点:目標水準どおり達成した

<MBO最終考課について>
Partner×34%+Customer×33%+Business×33%=総合得点 → 考課記号マトリクスで算出

MBO総合点	
MBO最終考課結果	

目標設定時　日付		期末評価時　日付	
AM確認署名		AM確認署名	

出典：「スターバックスコーヒージャパンにおける人事戦略」講演資料
（注）内容は2003年の取材当時のもの

コンピテンシーによる評価

コンピテンシーモデル

コンピテンシーとは、成果に結び付く行動特性のことで、一般的には企業の求める人間像に基づきハイパフォーマー（卓越した業績を発揮する人）の行動特性を抽出し作り上げています。

最近でこそコンピテンシーという言葉は一般化してきましたが、これまでの評価制度といえば、情意評価、能力評価、職務遂行評価が中心で、極端な場合には「彼は一流大学を出たのだからできる能力を持っているはずだ」と、できたことを評価せずに、できるだろうという期待や見込みによる評価が横行しました。また、職務を忠実に遂行した人が優秀であると評価され、職務以外のものが評価の対象となることも少なかったように思います。

しかし、コンピテンシーという行動特性により成果に結び付く行動自体やそのプロセス、努力の度合いを評価対象とする考え方が生まれてきました。

変化の激しい環境では、学ぶべきこと自体がどんどん変わってしまいますから、過去に身に付けた能力や成果による評価ではなく、これから必要になるはずの能力をどれだけ身に付けられるかという将来性で評価しようということです。

また、業績という結果やできるはずだという見込みではなく、どのように取り組んでいるかという現在進行形で、そのプロセスや努力についての評価を加えます。

スターバックスのコンピテンシーモデルは、「ホスピタリティ」「コミュニケーション」「チームワーク」「ピープルデベロップメント」「カスタマーサービス」「パフォーマンスマネジメント」という6つのビジネス姿勢のキーワードでコンピテンシー・バンドが区分され、「Green Bean」「Yellow Bean」「Cinnamon Roast」「City Roast」「Full City Roast」「Starbucks Roast one」「Starbucks Roast two」の7つのレベルごとに、求められるコンピテンシーレベルが明文化されています。

スターバックスの場合、コンピテンシーモデルは一般的に行われているような好業績者の行動特性を分析してモデル化するというものではなく、あくまでもミッションステートメントをブレークダウンし、何をどのようにすべきかという観点でＷＨＡＴとＨＯＷの部分が作られています。

たまに目にするのですが、理念とはまったく別の次元でマニュアルの言葉を刷り直しただけのものや、職務要件と区別の付かないものをコンピテンシーとして掲げているのとは大きな違いがあります。

コンピテンシーモデルは、評価制度として利用されるだけではありません。コンピテンシーを基にした採用基準も作られていますし、コーチングによって導き出す「どんな人になってほしいか」という人間像も、コアコンピテンシーに基づき設定されています。

人材開発においても同様で、7つのレベルごとに実際の職務を遂行していく上で求められる「ヒューマンスキル」「テクニカルスキル」「コンセプチャルスキル」という各スキルを明確にしています。

従って、コンピテンシーの要件をそれぞれ積み上げれば、ミッション宣言やスタースキルで求める人間像が出来上がるという考え方です。

【図表22】基本的なコンピテンシーモデル

ミッションステートメント(ビジネス姿勢)の基本的な考え方

	Hospitality	Communication	Team Work
Starbucks Roast 2	異文化に対しても理解、貢献できるレベル	言語・文化を超えて長期的な信頼関係を構築できるレベル	全社的なレベルでリーダーシップを発揮し、社内外のあらゆるチームとチームワークを構築できるレベル
Starbucks Roast 1			
Full City Roast	個人に対してはもちろん、組織や集団に対しても理解し、役に立とうとして行動しているレベル	社内・社外ともに長期的な信頼関係を構築できるコミュニケーションレベル	リーダーシップを発揮し複数のチームのチームワークを構築し、また他チームや取引先などのチームワークも構築できるレベル
City Roast			リーダーシップを発揮し自分のチームのチームワークを構築し、また他のチームや取引先などのチームワークも構築できるレベル
Cinnamon Roast		社内・社外ともに業務を遂行する上で問題無くコミュニケーションが取れるレベル	リーダーシップを発揮し自分のチームのチームワークを形成することができるレベル
Yellow Bean	どんな人に対しても役に立とうとして行動しているレベル	コミュニケーションの重要性を十分認識しながら行動している レベル	チームワーク形成を意識した行動が取れる レベル
Green Bean			チームワークへ問題無く参加できるレベル

	People Development	Customer Service	Performance management
Starbucks Roast 2	社会的な見地からも優秀な人材を育成できるディベロップメントプランを作成し、全社的に実施できるレベル	SBJという企業を通じて社会的満足を向上させることができるレベル	変革力とチャレンジスピリットをもってビジネスプランを策定し、全社レベルでのゴールを達成できるレベル
Starbucks Roast 1			
Full City Roast	効果的なディベロップメントプランを作成し、指揮・育成ならびに人材配置ができるレベル	直接エンドユーザーと接することがなくてもチームの運営により顧客を満足させることができるレベル、またハイレベルな顧客の要望に対しても十分応えられるレベル	成果のプライオリティやクオリティを十分意識した上でチームゴールを設定し達成できるレベル
City Roast	効果的なディベロップメントプランを作成し、指揮・育成できるレベル	複数のパートナーが高まるチームをベースに多数の顧客を満足させることができるレベル。またハイレベルな顧客の要望に対しても充分応えられるレベル	
Cinnamon Roast	ディベロップメントプランに則り指導・育成ができるレベル	複数のパートナーが集まるチームをベースに多数の顧客を満足させることができるレベル	個人の目標はもちろんチームのゴールも達成できるレベル
Yellow Bean	定型業務のみならずビジネスに対する姿勢も含め後輩パートナーの模範となる行動が取れるレベル	顧客と一対一で向き合い顧客を満足させることができるレベル	個人の目標のみならずチームのゴールを意識した行動が取れるレベル
Green Bean	新しく入社したパートナーへ定型業務についてコーチすることができる		個人の立てた目標を達成できるレベル

(注)内容は2003年の取材当時のもの

人事考課

人事考課は、上級の管理職の一部を対象に、一人の上司による評価だけでなく、複数の上司による360度多面評価を採用していて、本人の評価と上司の評価が絶対評価で行われ、最終考課は相対評価とされます。

一般的に考課の納得性が薄れるのは、考課者の主観によって決められやすい定性的な評価が多かったり、考課者の訓練が十分でなかったりする場合に起こります。

スターバックスの場合には、目標管理にしてもコンピテンシー評価にしても、あえて定性的な部分を残しているため、複数の上司による評価を採用することで納得性を高めるようにしているのだと思います。ただし、上級管理職以外には多面評価を採用していません。

また、一般的にコンピテンシーについては、数十から数百のコンピテンシーが定義され、細かく評価されます。しかし、スターバックスの場合、人事考課シートを見る限り、コンピテンシーの評価は6つのコンピテンシーと3つのスキルの評価、そしてこれとは別にコンピテンシーの詳細についての評価シートが存在していると思われます。残念ながらノウハウともいえ

【図表23】人事考課用シート

2001年度 人事考課シート(SC用)

所属部署		ID	コンピテンシーレベル	氏　名
店舗・チーム名				

一次考課(絶対評価)

コンピテンシー評価 (コンピテンシーチェックリストを参照ください)	自己評価	上司評価
Hospitality	点	点
Communication	点	点
Team Work	点	点
People Development	点	点
Customer Service	点	点
Performance Management	点	点
Human Skill	点	点
Technical Skill	点	点
Conceptual Skill	点	点
コンピテンシー評価結果	平均	平均
	結果	結果

6点：バンド要件をはるかに上回った　5点：バンド要件を上回った
4点：バンド要件通り十分発揮　3点：バンド要件を十分満たすまではなかった
2点：バンド要件を下回った　1点：バンド要件を大幅に下回った

＊上司評価の平均点からコンピテンシー評価結果を算出。ただし明らかに低い点数の項目がないか全体のバランスを見て最終結果を導くこと。

MBO評価(MBOシートを参照ください)	上司評価
MBO評価結果	

一次考課結果(コンピテンシーとMBOの結果による面積で算出)	上司評価
MBO評価結果	

グループマネジャーによる考課

コンピテンシー評価結果	
MBOの評価結果	
GM考課結果	

GM　署名

一次考課と異なる場合理由記入

部長による考課

コンピテンシー評価結果	
MBOの評価結果	
部長考課結果	

部長　署名

一次考課と異なる場合理由記入

部門長最終考課(相対評価)

最終考課結果	

最終考課者
署名

一次考課と異なる場合理由記入

本人コメント

一次考課者コメント

一次考課者
署名

(注)内容は2003年の取材当時のもの

【図表 24】人事考課システム

一次考課者による人事考課は以下のとおりの方法で行う。
一次考課は絶対評価、最終考課(二次もしくは三次)は相対評価を行う。

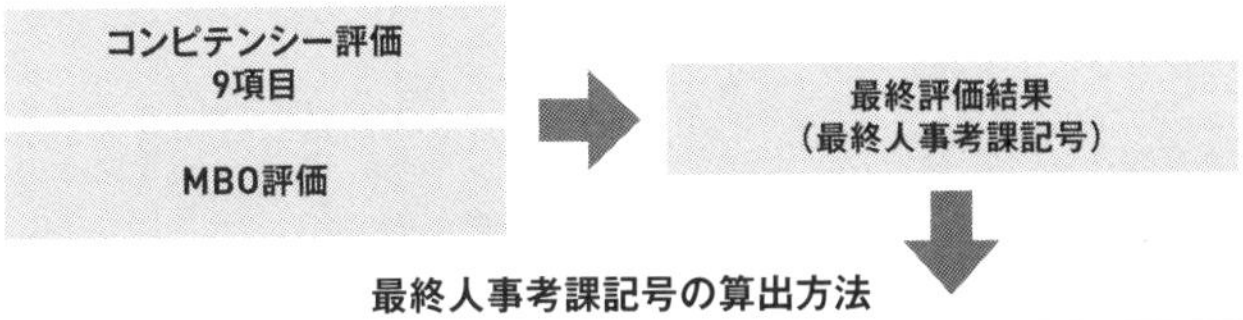

最終人事考課記号の算出方法

最終人事考課記号は、コンピテンシー評価結果とMBO評価結果によって形作られる面積の大きさによって決定される。面積の大きさによる最終考課記号のマトリクスは以下の図の通りとなる。

コンピテンシーとMBOで形作られる面積

MBOの評価結果

S=6	6	12	18	24	30	36
A=5	5	10	15	20	25	30
B+=4	4	8	12	16	20	24
B=3	3	6	9	12	15	18
C=2	2	4	6	8	10	12
D=1	1	2	3	4	5	6
	D=1	C=2	B=3	B+=4	A=5	S=6

コンピテンシー評価結果

面積と最終考課記号

面積	考課記号
26〜36	S
17〜25	A
10〜16	B+
5〜9	B
3〜4	C
1〜2	D

面積の大きさから算出される最終考課記号マトリクス

MBOの評価結果

S	B	B+	B+	A	S	S
A	B	B*	B+	A	A	A
B+	C	B	B+	B+	A	A
B	C	B	B	B+	B+	B+
C	D	C	B	B	B+	B+
D	D	D	C	C	B	B
	D	C	B	B+	A	S

コンピテンシー評価結果

(注)内容は2003年の取材当時のもの

るその詳細までは聞くことができませんでした。

コンピテンシーの評価点は、考課者である上司の平均点によって決められます。その評価点と先のＭＢＯシートの評価点数とそれぞれの考課結果を基に最終考課が決定されます。一次考課は絶対評価ですが、最終考課は絶対評価ではなく相対評価となっています。

一般的に相対評価の場合、本人の本来の評価結果がいくら良くても、相対的に序列を決められてしまうため納得性が低くなるという指摘や、結局は最終考課者のさじ加減で考課が決められやすいということが問題になります。おそらくスターバックスでは、原資配分の観点から給与査定の運用を重視したものと考えられます。

一次考課の絶対評価法は極めてシンプルで明瞭です。目標管理制度の目標達成度の評価ポイントと、コンピテンシーの評価ポイントをクロスさせ、その面積の大きさにより考課ポイントが算出され考課記号が決定します。

日本の企業で評価項目としてよく用いられる職務遂行評価や勤務態度の評価の項目は、コンピテンシーの中で吸収しているのでしょうが、シンプルであるがゆえに正しい評価が行われ、透明性と納得性が高まるのかといった危惧はあります。考課者のスキルが相当に高くなければ、ここまで割り切った評価制度を採用することはできないでしょう。

理念の実現度を評価する

スナップショットを用いて制度以外の評価と就業状況を検証

スターバックスでは、理念に基づき店舗を運営し、お客様へその気持ちが正しく伝わったかを検証する方法として、Customer Snap Shot（スナップショット）という独自の方法を用いています。一般的にはミステリーショッパーと呼ばれる覆面調査のことです。

スナップショットでは、スターバックスとして誇れるだけのレベルかどうか、お客様の立場で見たときに本当に満足していただけるだけのサービスが実現できているかということを、毎月1回すべての店舗を対象に抜き打ち形式でチェックされます。

ミステリーショッパーというとネガティブな印象を受けるかもしれませんが、スターバックスでは、あら探しということではなく、前向きなフィードバックシステムとしてスナップショットを行っています。

その調査方法は、調査委託を受けた覆面調査員が一般の来店客を装ってスターバックスに来店し、詳細に分類された調査シートを元に〝サービス〟〝品質〟〝環境〟といった観点から店舗運営を採点しているといいます。

すべての店で同条件の下で品物を注文し、あいさつの仕方からコーヒーの温度や重さ、トイレットペーパーの補給状況などや、「来店したときにきちんとした歓迎の挨拶を受けたか」「商品棚を見ている顧客に従業員が気付いて声をかけるまで何分かかるか」「友だちに紹介したくなる店だったか」「ドリップコーヒーの温度は摂氏72度以上か」「出されたコーヒーの温度、重さ、味、香りはどうだったか」など、およそ100項目にわたって細かく評価されるといいます。

評価結果はすべて点数化され、100点満点で何点取れたか公表されます。スナップショット調査の評価は90点以上が合格点です。

スナップショットによる店舗採点結果は、スターバックスのビジョンやミッションが、店で具現化されているかどうかを確認する手段として極めて重要であり、店舗運営および人材育成のデータとしても活用されます。

人事考課の中にスナップショットの評価ポイントが直接影響することはないようですが、人事考課のフィードバックや目標設定において、間接的とはいえ大きな影響を与えている要素と考えることができます。

採用は価値観に共感できる人

社員の採用は、アプリケーションシートと呼ばれる申し込み用紙による書類選考と、筆記試験、グループディスカッション、個人面談というプロセスを経て採用を決定しますが、人気のある企業だけに最近では社員採用の門はかなり狭まり、採用方法については変更されることも多いようです。

一方、アルバイトのパートナーの採用については、こういう人がいいですねという、採用段階で大切にする基準があります。コア・イデオロギーの「感動経験を提供して、人々の日常に潤いを与える」というスターバックスの価値観に共感し、コンピテンシーモデルに照らした人物像が描かれ採用活動を行っています。

ただコーヒーを売るだけではなく、ファーストプレイスである自宅と、セカンドプレイスの職場や学校の間にある「サードプレイス」で、心地よいひとときを過ごしてもらい、お客様の心を満たしてもらうことを第一に、一杯のコーヒーを本当においしいと感じてもらったり、フレンドリーなサービスによってお客様に感動してもらったりすることが、自分にとっても大きな喜びになるという人材を求めています。

スターバックスはこうした価値観に共感できる人にとっては、高いやりがいを感じられる良い環境といえるでしょう。

スターバックスで働く人たちが生き生きとしているのは、こうした価値観へ共感できる人たちが集まりチームを組んでいるからです。

間違っても、「お金だけのために」とか、「子供の手がかからなくなったので」といった理由だけでは、スターバックスのパートナーとして迎え入れられることはありません。

こうした価値観は、世界中のスターバックスの全パートナーが働く上で掲げる存在目的だといいます。

さて、お客様にパートナーのサービスに感動し喜んでいただけるためには、パートナーが生き生きと働ける職場作りが大切ですが、職場の雰囲気は結構ウェットで人間的、情緒的であるようです。

その理由は、スターバックスという会社が「こうしなくてはいけない」「これを絶対やりなさい」と決めるものではないと考え、働きやすい環境ということについても会社が用意するものではなく、パートナー全員が自分の愛する店だという意識をもって努力し、作らないと得られないものと考えているからです。このようにパートナー同士が働きやすい職場になるために考えるプロセスもまた、働きやすい環境、働きがいのある仕事の要因になっています。

離職率が証明する

働きやすい環境が整っていることや、教育や評価などの制度がいかに優れているかを証明する数字として、離職率の低さが挙げられます。

厚生労働省の雇用動向調査によれば、飲食店の常用雇用者の離職率は10・9％（平成13年調査）ですが、2003年に行ったスターバックスのインタビューの際には、正社員で年間1～2％と、業界平均に比較して驚くほど低いものでした。

新卒採用した社員でも120人中、辞めた人は1年間で1人か2人であったといいます。またこの業界は、パートやアルバイトの依存度と離職率が高いのも特徴です。アメリカのファストフード業界の離職率は平均30％ともいわれます。日本でも3月ショックといわれるように、学生アルバイトが多いこと、人手不足に見舞われる時期があることを考えれば、この業界の離職率は日本でもかなり高いものと思われますが、スターバックスコーヒージャパンのパート・アルバイトの離職率は20％以下といいますから、驚くほど低い数字です。

第9章

結束力の強い組織はこうして作る

競争力の高い組織を作る

「われわれがペプシと提携して設立した合弁事業は、二、三年のうちに瓶入りフラペチーノなど新製品の販売によって、現在のスターバックスの年間総売上を上回る一〇億ドル以上の収入を上げるだろう。しかし、われわれの企画は利益を上げることにとどまらない。わが社を支えている基盤は成長だけではないからだ。情熱と真心で結ばれた社員、顧客、株主との絆こそ、わが社の重要な基盤なのである」

ハワード・シュルツ『スターバックス成功物語』（日経BP社）より

コアコンピタンスとしての人材

これまで多くの企業は、職務中心の人事制度をとってきました。職務記述書によって役割、権限、責任を明確に示し、職務記述書を評価や処遇の基盤としてきました。しかし、職務（ジョブ）中心の考え方では、急速な市場の変化や技術革新に柔軟に迅速に対応することが難しくなってきています。

また、職務中心の考え方では、組織の柔軟性が失われ、ビジネスチャンスを逃しやすく改革も妨げられやすいという認識が広まり、脱ジョブ化が進み、職務記述書によって従業員を管理するといった考え方が弱まってきています。そして、企業が大切にする価値観や達成すべき目標を基軸として、組織目標に対しての高いコミットメントを原動力にする組織を目指すようになってきました。

また、それを達成するために従業員を雇用者として見るのではなく、共に目標に向かって進んでいくためのパートナーとして位置付ける考え方も広まっています。

市場のニーズにタイムリーに対応するには、複雑で何段階にもおよぶ階層構造で上から下へと指示や命令が伝わっていくような組織ではなく、顧客との接点において何をどのようにすべきかを即座に判断し対応できるような組織が求められ、それに応じた権限委譲も進んでいます。

またさらに、上が下を常に監視して管理するような組織マネジメントではなく、自己統制を軸にした自律型組織作りが必要になってきました。こうした組織では、チェックマンとしての管理者は不要であり、上司は管理、コントロールする役割から、コーチとして部下をサポート

【図表25】経営戦略の移り変わり

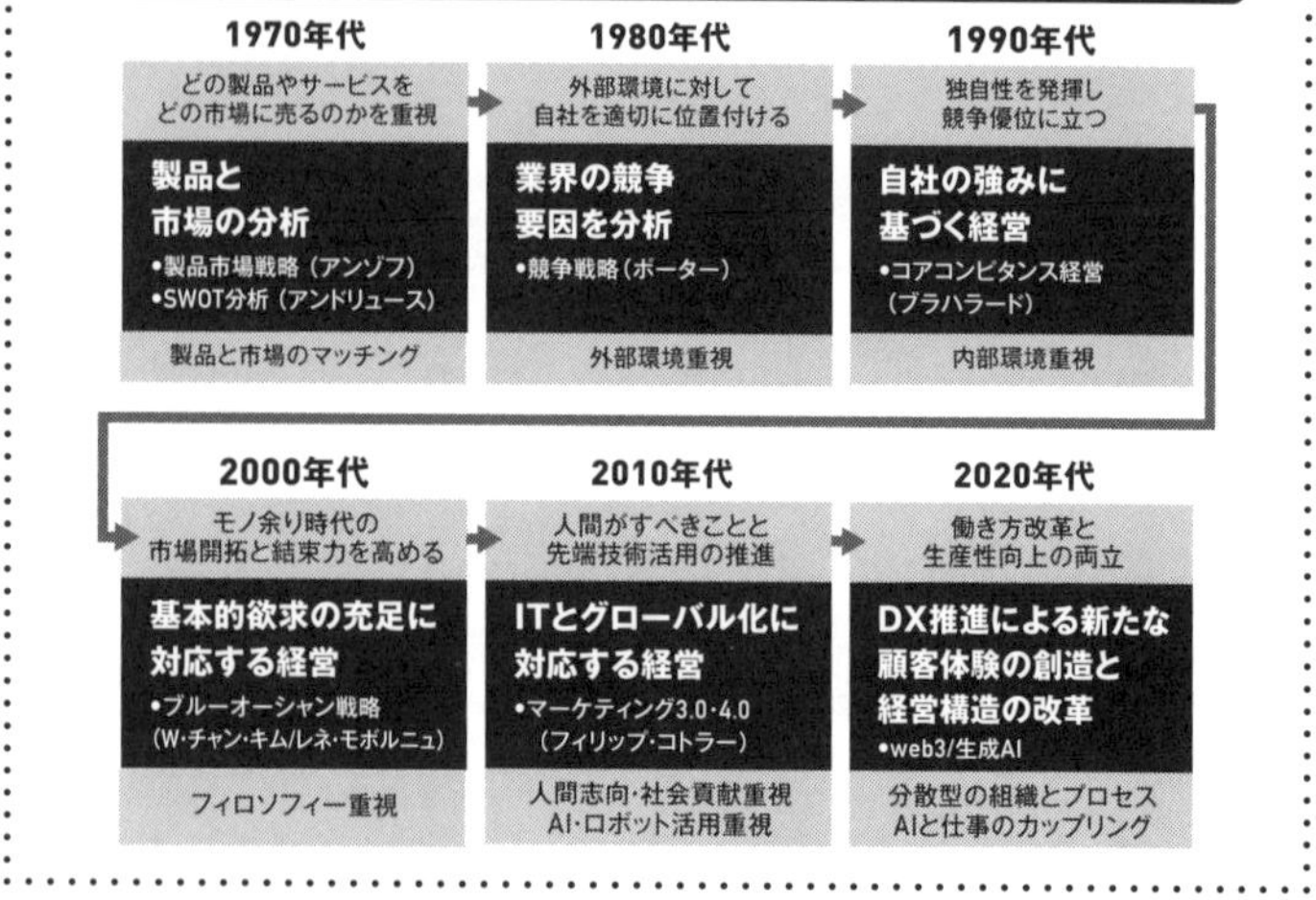

する役割を果たすようになります。スターバックスの組織もその1つといえるでしょう。

ポーターの戦略論に代表されるように、企業の外部環境を主たる分析対象とし、外部環境に存在する機会や脅威を認識し、それに対してどのように対応するかを中心的課題としてきた1980年代に代わって、1990年代には企業が内在する強みを焦点にした、内部環境を重視する戦略論へと変わってきています。

その理由は、曖昧模糊とした市場ニーズや多様化する環境要因に対して、外部環境重視だけでは競争優位を構築するのが難しくなったためです。

持続的な競争優位を確立するには、企業に内在する中核的な力であるコアコンピタンスを基軸とした、他社に真似の難しい優位性を持ち、ビジネスを展開すべきであるという考え方が重要になったのです。

スターバックスの競争優位性は、自分たちのビジネスをピープル・ビジネスであると定義し、福利厚生など労働環境の整備だけでなく、優れた人材マネジメントシステムを作り上げたところにあります。組織風土に根ざした人材マネジメントは、形だけ真似してもうまく機能することはありません。ここにスターバックスの競争優位性があるのです。

企業は人なり

今、多くの企業が顧客本位の経営、競争優位、そして卓越した業績を目指すため、業務改革や情報マネジメントの再構築といった経営改革を進めています。ところが、「会社を変えよう」と旗印を掲げ改革を進めながら、いざ自分たちの仕事のやり方も変えなくてはならないと気付いたとたん、「時期尚早である」とか、「もっとよく考えてから進めよう」とか、抵抗を示すことがままあります。すなわち、「総論賛成・各論反対」がせっかくの改革を台無しにしてしまうのです。

【図表26】革新を進めるための4つの要件

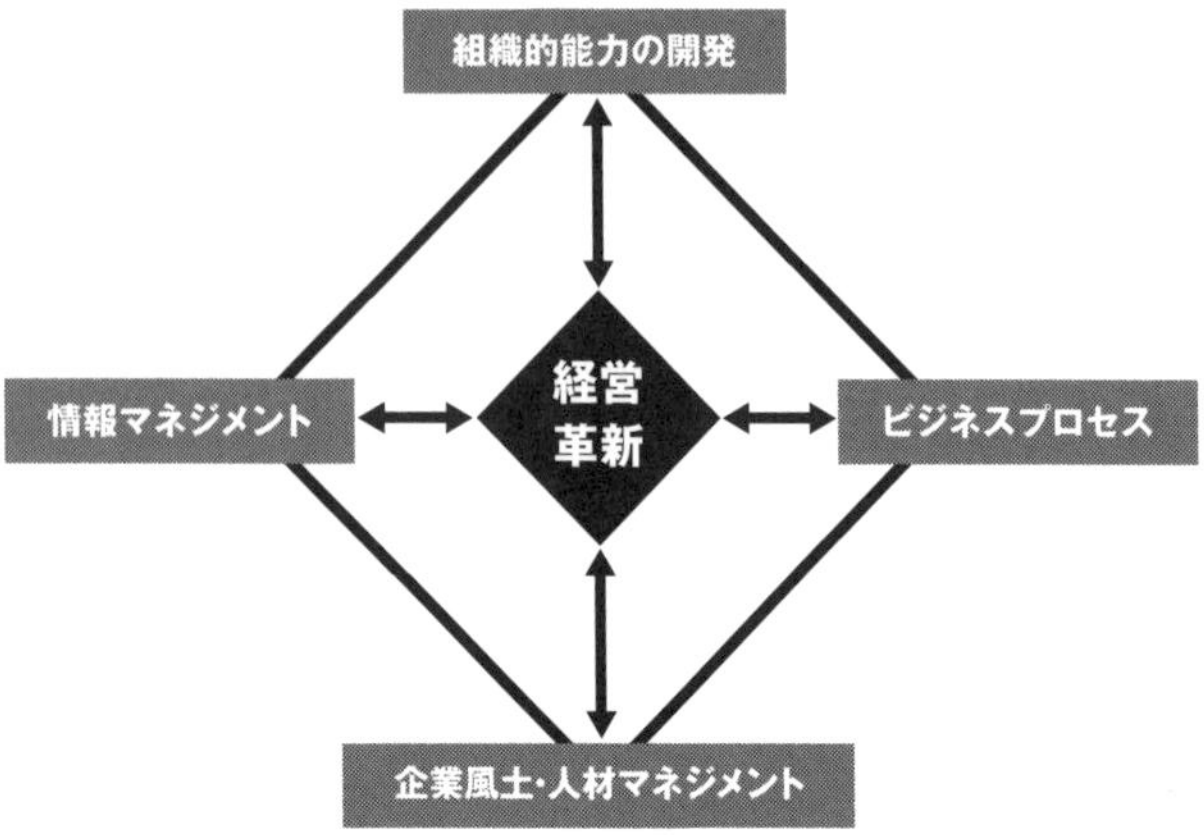

なぜうまくいかないのでしょうか。「企業は人なり」という通り、仕組みだけで会社が動くわけではないからです。人がいて仕組みが機能します。すなわち、改革には企業風土や組織的能力、人の意識や人間性が深くかかわっているからにほかなりません。

かつてドラッカーは、人間関係論に対して「人間の側面だけに焦点を当てたマネジメントは危険である」と批判したことがあります。泣き止まない子供に飴玉を与えて黙らせるようなものだというのです。

人間関係論とは、人間は、同僚や上司との関係など、友情や帰属感、安定感などの社会欲求を持ち、それによってこそ動機付けられるという仮説に立つものでした。

しかし、ドラッカーが批判したのは、初期

の人間関係論であり、今の社会では自己実現の欲求という、成長に対する欲求が最も高く重要です。

人間関係が良好なことだけで業績が上がることはありませんし、能率とコストだけ追求しても企業の繁栄はありません。感情を持つ人間の心をよく理解し、人間の欲求と組織の目標が結び付くような方向に導くマネジメントが必要です。

スターバックスでは、こうした考え方の上で人材開発が行われ評価制度が確立されている上、必要な知識や技能を自ら学習しようとする風土が醸成され仕組みが確立されています。業界や仕事内容にもよりますが、これほどまでに卓越したシステムを持つ流通サービス業界の会社は、そう多くはないように思います。スターバックスのコアコンピタンスはこの人材マネジメントにあるともいえるでしょう。

強い組織には「意欲と能力と環境」を高めるシステムがある

仕事の成果は、「能力と意欲」で決まります。仕事をこなす能力だけでも、意欲（やる気）だけでも仕事の成果は生まれてきません。ところが、能力というものは仕事に対する意欲がなければちっとも向上しません。逆にやる気についても、能力が身に付きやれる自信がなければ、頑張ろう、チャレンジしようとする気持ちはみなぎってきません。**能力と意欲は、お互いに影響し合うものなのです**。

流通サービス業界では、社員やパート・アルバイトの技術的なスキルを高めることについては、仕事の単純化や標準化、分業化を進め、マニュアルやＯＪＴによる現場教育を積み重ねることで、大きな成果を挙げ、仕事のできる能力を持つ人材を育ててきました。

しかし、一方のやる気はといえば、本人の自覚や性格の問題として片付けられたり、現場の店長やマネジャーに委ねられたりするところが多く、部下のやる気はこうすれば高まるという法則的なものや、具体的システムが構築されている会社はそう多くはありません。

仮に、上手に部下のやる気を引き出している店長がいても、個人の能力として属人的に扱われ、体系的にまとめられた組織的なやる気の開発にまでは至っていないように思います。

ある科学者が「原理が分かれば工夫は必ずできる」と言っていました。やる気を引き出すにも原理があるはずです。その原理を元に仕組みを作れば、部下のやる気を上手に引き出し、本来持つ能力を発揮することができるはずです。現にスターバックスにはその仕組みが備わっています。

報償一辺倒では良い動機付けができない

どうすればやる気を高めることができるのか。それは、仕事の中に喜びや、楽しさ、達成感などを感じ、さまざまな欲求が満たされることです。これらの動機付ける要因について少し説明しておきます。

一般的に、人は仕事を進めるときに、その仕事を進めることによって得られる成果を考えます。組織的な成果もありますが、積極的に動こうという気持ちを後押しするのは、自分自身への何らかの見返りが必要です。それを得ることで、自分の欲求が満たされるかどうかによって意気込みも変わってくるのです。

例えばよくあるものとしては、予算を10%上回った社員のうち上位5名には、特別ボーナスや海外旅行などの報償を与えるといった制度などです。社員は、自分の名誉やその報償を勝ち取りたいという欲求を満たそうとして、やる気を見せるかもしれません。

逆に、予算割れが続いた時には減俸やペナルティなどを与えると、その人はその不名誉や不利益を避けるために懸命になるでしょう。これも、不名誉や不利益を回避したいという欲求を満たすことになります。

このような単純なアプローチ、すなわち見返りや報償あるいは不利益の防衛は、最も初歩的な動機付けの手法であり、どこの業界でもこうした手法を取る会社は数多くあります。

しかし、「鼻先にニンジンをぶら下げる」と表現されるこのような報償に頼る動機付けの手段は、一時的には効果があるものの持続性は低いといわれます。あまり同じ手を繰り返すと、餌の量を多くしたり質を高めたりしないと効き目が薄くなりますし、倍の餌を与えても倍の大きさの成果は生まれません。

また、一時的な報償ではなく、業績主義（ここでは結果主義の意味）に徹して業績に応じて店長の給料を決定する方法もあります。中には、1000万円を軽く超える年収の人もいるでしょう。しかし、一般的に同じ業界内で賃金の配分原資の構造に大きな違いがあるわけではありません。

成果に応じて成果配分するならば、高額の年収を獲得している人たちの対極には、一般水準に届かない給料に泣く人が出てくることにもなりかねません。

こうした大きな格差が人の欲求を満たす仕組みとしてあるのは当然の考えですが、組織というチームで考えたときに、組織的な活力アップや成果の向上に結び付いているか疑問も残ります。

だからといって、給料など金銭によっての動機付けをすべて否定するわけではありません。それには限界があるということです。お金はとても大切ですが、それだけでやりがいや誇りは買えません。ではいったい何で動機付けをしたらよいのでしょうか。

それに対して明確に答えたのが、ハーツバーグの「動機付けと衛生要因の理論」です。

報酬に勝るものがある

経営学者のハーツバーグは、動機付けには仕事に対する動機付けを高める要因（満足要因）と、単に精神衛生的機能しかない衛生要因（不満足要因）があると指摘しました。そして、報酬や福利厚生などの労働条件を、職場で不満を生み出し意欲も低下させる要因（衛生要因）として挙げています。

衛生要因の中の給料や労働条件が標準以下であった場合は、仕事にはマイナスになるといいます。しかし逆に標準以上であっても、仕事への意欲はさほど変らないとしました。また、仕事に不満を感じているときには、作業環境へ関心が集まりやすいと説明しています。

ハーツバーグは、旺盛な意欲を生むには「興味ある課題」と「主体的関与」が重要であり、労働時間や報酬などの条件は、不満を感じさせない機能を果たす衛生要因にすぎないと論じて

【図表27】ハーツバーグの動機付け要因

人間の行動の元となるものを要因（目標）から考えた理論

●仕事に不満を感じているときの関心事は作業環境に向く。

➡その要因が衛生要因（環境要因）

・企業方針、上司の姿勢、作業条件（金銭・時間・身分）

●満足を感じているときの関心事は仕事そのものに向いている。

➡その要因が意欲要因（動機付け要因）

・目標達成、責任、権限の承認、理解、賞賛

2つの要因の相互関連は薄く、

・環境要因を充足させても不満の解消にはなるが、意欲の向上にはつながらない。
・仕事の達成感、他人からの認知、仕事を任せられたなどのやりがいが意欲的に働く動機付け要因になる。

います。

スターバックスは、福利厚生などの労働条件について極めて積極的な向上対策を行ってきたわけですが、外食業界が他業界に比べて労働条件面で劣っていただけであり、スターバックスが特別に優れた労働条件を満たしているわけではないという見方もできます。

スターバックスは、ハーツバーグの言う衛生要因をやっと他業界水準まで高めたのだと見ることもできます。

とかくスターバックスは、福利厚生面をもって従業員に優れたモチベーションを与えていると捉えられている面があるようですが、それ以上に組織や目標に対してのコミットメントを高め、仕事に対する満足感をパート

ナーに与えるような仕組みを持っているところに、特筆すべき点があるように思います。

ハーツバーグは、仕事の満足感とは、仕事そのものに由来するものであるとして、

❶仕事を通して達成感が味わえること
❷結果を上司や同僚に認められること
❸自分の知識や能力が仕事で活かせること
❹仕事を任されること
❺仕事を通して向上することができること

以上の5つを挙げ「**動機付け要因**」と呼びました。まさにスターバックスにはこうした要因が備わっているように思えます。

欲求は複合的に実現したいと考える

人が持っている欲求には実にさまざまなものがあります。お腹が減ったり、ご馳走を見れば食べたいという欲求が生まれたりします。仕事で忙しい毎日が続けば、たまには温泉でゆっく

【図表 28】マズローの欲求 5 段階説

人間の行動の元となるものを誘引（欲求）から考えた理論

第5段階　自己実現の欲求	自分の能力、可能性を発揮し、創造的活動や自己の成長を図りたいという欲求 （自分のあるべき姿を実現したい）
第4段階　自我の欲求（尊厳の欲求）	自分の能力、可能性を発揮し、創造的活動や自己の成長を図りたいという欲求 （自分のあるべき姿を実現したい）
第3段階　親和の欲求（社会的欲求）	他人と同じようにしたいなど、集団帰属の欲求 （人の輪の中にいたい、どこかに所属したい）
第2段階　安全の欲求	安心して暮らしたいなどの安全への欲求
第1段階　生理的欲求	衣食住など生活に関わる根源的欲求 所得、時間、食物、生理的欲求

りしたいとも思います。また、自分の趣味に没頭したいとか眠りたいという欲求から、性的な欲求もあります。

そして、自分の夢を実現したいとか、生き生きと毎日を過ごしたい、人や社会のために役立ちたいといった欲求も持つでしょう。

マズローは、これらのさまざまな欲求を整理して段階的に分類しています。マズローは人間の欲求はちょうどハシゴのようなもので、低次の欲求から高次の欲求に徐々に高まり、最後は自己実現の欲求に至ると説明しました。それが、**マズローの欲求5段階説**です。

しかし、人の欲求は単純に下から上へ上がっていくものとは考えにくいところがあります。段階的に高まるというよりも、下位の欲求は必要要件であり、それが完全に満足されない状態であったとしても、自己実現の欲求を抱くことがあると考えられています。

例えば、マイホームが欲しいとか、老後の暮らしために２０００万円の貯えが欲しいとかいうことが達成できていなくても、災害に苦しむ人を見れば何か少しでも役に立ちたいと考えます。人によっては、長年の夢である本を出版したいということも、下位の欲求が満たされない中でも実現したいと考えます。

また、自己実現の欲求が充足されてくると、心に余裕が生まれ組織に所属し、その一員として活動することに意欲的になったり、お金に頓着することも薄らいだりと、ほかの欲求が動機付けられたりして変化することもあります。

仕事についても、前述のように単にお金を稼ぐだけという生理的欲求ではなく、低い賃金で働くパート・アルバイトであっても、自分の働きや自分の存在の価値を認めてもらいたいとか、仲間からの激励が欲しいとかいうような欲求も同時に存在し、それが満たされれば、賃金など下位の欲求が満たされなくても仕事への意欲は高まります。

もちろん、自分の仕事を通してお客様や社会に貢献したいという欲求によって動機付けられることもあります。

つまり、人間はそれぞれの基本的欲求を複合的に充たしながら、自己実現を目指して生きていく存在だと考えることができるのではないでしょうか。

だからリーダーは、部下に対して「あいつは金のことしか頭にない」とか、「怠けることばかり考えている」と非難するのではなく、彼らの欲求はどこに向いていて、その欲求を満たす方法は何であるか知ることで、やる気を持って働く方向へ動機付けることが大切になります。

成果主義

成果主義とは

スターバックスの人事制度は成果主義に基づくものです。成果主義とは、「個人の目標に対する結果や活動によって生み出された成果や価値に応じて報酬を支払うこと」です。そして、戦略的な視点に立つと「会社のフィロソフィーやビジョンに基づき、成果志向の強い行動を引き出す企業文化を作るための人材マネジメントの制度」と考えることができます。すなわち、単なる報酬制度とは違うのです。

そして最終的な目的は、「会社や組織のビジョンに沿って、個人個人が企業価値の貢献に向けて自主的に行動する企業風土を生む」ことにあります。ここでは、成果主義が何を尺度にどのように成果を評価するかという「**評価制度**」に焦点を当てて、過去の業績主義や能力主義と異なる点を説明したいと思います。

多くの企業が採用している職務等級制度や職能資格制度は、**人を中心として考えられた「能力主義」**をベースに作られたものです。「職務等級基準書」や「職務記述書」により企業が求める人材像（能力像）を規定し、そのヒナ型に書かれた内容にはめ込むように能力開発を行います。また、その結果を能力評価し職能給を決定するのです。

一方、**仕事を中心にしたものが「業績主義」**（あるいは結果主義）で、まさしく売上高や営業利益などの数値結果を成果として、成績考課を行い報酬を決めます。これが職務給です。

成果主義については、業績主義の延長上にあるものとする識者もいますが、私は、成果主義とは能力評価と業績評価の両方を取り入れ、さらに企業価値に貢献した行動までも評価対象とするものと考えています。すなわち、人事考課は、能力の評価＋業績の評価＋行動の評価を組み合わせたものとなります。

スターバックスの場合には、業績については目標管理を、行動はコンピテンシーモデルを評価の対象としています。

成果主義の背景と目的

成果主義にはさまざまな背景があります。1つには直面している経営課題の解決を急務とする企業の台所事情があります。

今、多くの企業は、人件費率の上昇と利益率低下による分配率の上昇に苦しんでいます。かつて日本を支えてきた年功序列制度は、環境の激変で制度疲労を起こし、今の環境下では維持することが難しくなりました。古き良き時代の遺産を引きずったままでは競争に勝てませんし、直面する問題を先送りしては存続すら危うくなります。そこでまず最重要課題である人件費の削減と変動費化が急がれています。すなわち、企業の業績に応じて人件費が連動して変動する仕組みに、人件費構造を至急作り替える必要に迫られているのです。しかし、これは成果主義が注目される真の背景ではありません。

成果主義に期待が寄せられているのは、勝ち組として生き残るために今までの制度を抜本的に見直し、人材マネジメントを柱として将来の競争優位を築こうという戦略的なものが背景にあります。

その狙いは、将来的な展望に立ち、企業競争力を高めるための組織の自立的成長にあります。単に業績連動型賃金にして人件費圧縮を図るのが狙いではありません。また、鼻先にニンジンをぶら下げて尻を叩いて、もっと働かせようというのでもありません。それでは、一昔前のコミッション制度と何ら変わりません。

成果主義の目的は、会社や組織のビジョンや戦略に沿って、個人個人が企業価値に貢献すべく己の目標に向かって自主的に行動し、事業価値の創造に本当に貢献した人に報いることにあります。

そのために成果を出した人に対して、それに応じた金銭的報酬を提供することはもちろんのこと、金銭以外の報酬を含めトータルで制度を確立し、企業競争力を高めていこうということなのです。

ところが、直面する課題の大きさに目を奪われるあまり、本来の戦略的視点を忘れ、いつのまにか「結果主義」にすり替わっていることがありますが、「成果主義」は決して「結果主義」ではありません。

成果主義のメリットと留意点

成果主義がうまく機能すると、本来の目的通りそれぞれが自主的に行動し、事業価値の創造に向かって自己統制しながら立ち向かう企業風土が生まれます。自己統制とは、「自ら目標設定し、その達成のために必要なアクションプランを作り、自ら実行して検証し作り替えていくこと」で、まさしくＰＤＣＡのマネジメントサイクルを自分の中で、さらには組織の中で常に回し続けて成長していくという意味です。

このような仕組みが確立されると、従業員が同じベクトルに向かって動き出しますし、業績への関心も高まります。社員の中にはチャレンジ精神が芽生え始め、経営への参画意識も生まれることでしょう。その結果、業績連動型の賃金体系がうまく機能してきます。また、さらに高い目標に向かって自ら動き出すというような最高の風土も築かれるでしょう。

ところが一方でリスクもあります。成果主義と結果主義の履き違えが問題となるように、成果主義は上手に導入すると企業に活力を生みますが、進め方を間違うと悪い方に社風が流れることがあります。

本来の趣旨が徹底されずに表面的な制度だけに目が向き、「結果がすべて」「売れば文句ないだろう」といった風潮に流れやすくなるのです。しまいには、こうした意識が従業員に蔓延し、調和や働きがい、生きがいというものまで見失う危険もあります。

また、透明性が低いと不公平感を生むこともあります。それによって感情面ばかり先行し、統制が取れなくなるといった事態も想定されるでしょう。

スターバックスでは、目標管理の中の目標設定時やフィードバックの段階で、上司とのコミュニケーションを密にすることで、結果主義に流れたり納得性が低くなったりすることを防いでいます。

目標管理の重要性

目標管理の考え方と狙い

目標管理は最も優れたマネジメント技術の1つです。目標管理に代わる切り札はないといっては、多少オーバーかもしれませんが、今日多くの新しい管理手法が紹介されているなかでも、その根底には目標管理の考え方が流れています。

目標管理は決して新しい管理手法ではありません。日本では昭和40年頃から導入が進められ、今なおその時代の考え方に合わせて洗練され、より優れた手法へ成長しています。それは、目標管理の根底に流れる哲学に深いものがあるからこそと言えるでしょう。ちなみに日本で最初に導入したのは東芝であるといわれています。

そもそも目標管理（ＭＢＯ：Management By Objective）とは、経営学者のドラッカーが提唱した考え方で、「自分で自分の目標を決め、自分自身でその目標達成を目指し自己統制する技術」のことです。

その進め方は、①現状の分析、②目標の設定、③達成手段の計画と行動、④成果の評価、⑤仕組みの定着、とThink→Plan→Do→Check→Actionの順に進めていくのですが、この過程すべてにおいて自己統制を原則としています。

自分で自分を励ましながら知恵を搾り出し、目標達成にチャレンジします。もちろん、目標設定に関しては、企業や組織の目標と一体となったものであることは言うまでもありません。

目標管理は、一人ひとりに共通の方向性を与えると同時に、自身を動機付け、自主的な行動を促すことで、その成果を組織目標へ結び付けるところに到達点があります。

目標管理の狙いは、時代によって変化してきましたが、ここで今日的な目標管理の狙いをまとめておきます。

①全員のベクトルを合わせる

経営目標、事業計画を組織の末端へブレークダウンし、目標を共有し進むべき方向を一致させることで達成推進を図ります。全員が1つのベクトルに向かって目標を決め参画するので、組織や仕事に対する責任を意識し納得性を高めることもできます。

②全員の参画と動機付けを行う

人を仕事に向けさせる手段としては、インセンティブ（刺激）とモチベーション（動機付け）があります。前者は金銭的報酬が主体で、アメとムチのやり方ともいえる外発的な働きかけです。後者の動機付けは内発的なものです。目標管理はこの動機付けを重視します。目標達成のためのプロセスや成果が目に見えれば、自信が付き、やる気も向上します。さらに、新たな目標を決めてチャレンジし、成功体験を積み重ねることで、働きがいとやりがいも高まるのです。

③経営者意識を浸透させる

経営者意識を持って事に当たれといわれることが多くなりました。会社の考え方や進む方向にベクトルを合わせてかざす旗が目標ということになり、共に戦うという自覚を促します。

④自己統制できる人材を育成する

自己統制とは、自己管理によるマネジメントのことで、目標設定から行動計画、問題解決を主体的に行うこととです。勝手にやることとは違います。各自が仕事を自主的にコントロールし、目標達成を目指すプロセスを作り上げます。

⑤人材育成ツールとして活用する

社員やパート・アルバイトの教育は、現場でのＯＪＴが中心となります。現場でも目標に基づく管理を行うことで、自主的な行動を促し自らが学習を継続する組織作りを目指します。

⑥組織中心と人間中心のマネジメントを融合させる

組織の要求（成果）と個人の欲求（人間関係）のどちらか一方ではなく、双方を両立させる狙いがあります。上司と部下が、目標に共に関与し合うことで、フォーマルな組織におけるコミュニケーションの確立を促進するのです。

⑦成果を処遇に明確に反映させる

年功序列、終身雇用が崩れる中、仕事の成果と報酬、処遇を連動させる考え方が一般的になりました。成果主義あるいは業績主義といわれる分野でも、目標管理は不可欠な役割を果たします。

目標管理とは、簡単に言ってしまえば単純にPDCAサイクルを回しているに過ぎませんし、それがない会社はありません。しかしそこには重要な意義があります。その意義を以下にまとめておきます。

①PDCAのマネジメントサイクルを絶え間なく回し続ける原動力となる

どんな会社や職場でもPDCAは回っているのに、業績に差が出るのはなぜでしょう。その回り方に問題があるのです。目標管理は、マネジメントサイクルを正しく機能させるのに不可欠です。

②トップダウンとボトムアップを統合できる

企業内では、トップダウンもボトムアップも行われていますが、双方がベクトルを合わせてまとまって進行することは少ないようです。目標管理はそれを結び付け統合する力になります。

③やる気を引き出し、チームワークを生み出す

目標管理によって、仕事の価値と自らの責任を各自が明確にして再認識します。また、組織全体がベクトルを合わせて目標に向かって良い競争関係を生み出すことができます。

目標管理のタイプ

目標管理の導入の目的は、業績の向上、企業風土の改革、社員の意識改革、社員のやる気の開発、業務改善の促進、コミュニケーションとチーム力の向上、社員の自主性の発揮、成果主義の導入、評価制度の改革などさまざまな側面があります。目標管理は、その目的や導入する仕事の内容によりタイプに違いが出てきます。

大別すると、次のようになります。

❶課業指向型……組織の要求である成果を追求する。
❷人間指向型……人間の欲求を焦点に動機付けを重視し組織的能力を高める。
❸両立型……課業と人間の欲求の双方を両立させる。

それぞれの特徴をまとめてみましょう。

①課業指向の目標管理

目標＝ノルマであり、目標はトップダウンで与えられます。目標達成が絶対条件で、言い訳などの甘えは許されません。個人に任されるのは、目標達成のための手段や方法だけになります。この場合、まずトップマネジメントの目標があり、その目標を達成するための手段が次の階層、すなわちミドルマネジメントの目標となります。さらに、その達成手段が次の階層の目標となり手段が展開されるというように、目的↓手段＝目的↓手段＝目的……と下位へブレークダウンされ、一貫した目標づくりが行われます。

長所としては、組織目標と個人目標が一体となることです。個々の目標達成が企業目標の達成、すなわち組織成果に直結することが挙げられます。

一方、短所としては、トップダウンで落とし込まれた目標が現実とかけ離れ、目標というよりも掛け声になり、目標が有名無実化したお飾りになってしまう場合があることです。

さらに、押し付けられたとの反発心が芽生え、舞い降りてきた火の粉を払うようなネガティブな雰囲気が組織内に広がるといった失敗もないわけではありません。

しかし、個人のモチベーションが高くまとまりのある組織や、自己実現のための目標をしっかり持った社員が多い組織では、業績向上に大変効果的です。独立や起業に夢を持ち、組織に対するコミットが強い集団であればなおさら効果的といえます。

②人間指向の目標管理

目標≠ノルマという考え方です。目標管理とは、「自分で自分の目標を決め、自分自身でその目標達成を目指し自己統制する技術」です。目標管理は、一般的にManagement By Objective (MBO) という言葉だけで紹介されていることが多いのですが、実はその続きがあって、Management By Objective and Self Control と続きます。すなわち自己統制 (Self Control) の原則を忘れていては目標管理とはいえないのです。

自己統制とは、「自分で目標を定めその達成に向けて己を律して目標達成に挑むこと」です。噛み砕いて言えば、目標に向かって自分で自分の尻を叩いて働けということになります。

このタイプの場合は、課業指向型とは逆にボトムアップのアプローチになります。目標も、その達成のための手段や方法も、基本的には個人が決定します。この人間指向型の目標管理では、自らが目標を決めることで納得性と目標へのコミットを深めるのです。

かつて、日本企業の大半はこの人間指向型の目標管理を行ってきました。それは、日本企業に目標管理が導入され始めた頃に、マグレガーのX理論、Y理論など人間関係論がクローズアップされたこと、またそれを受け入れやすい文化が日本に根付いていたからだと思います。日本は性善説が前提の国だと言われるように、人間は基本的にやる気や優れた能力を持っているという考え方が支配的でした。目標管理でも、ノルマ的な与え方をしなくても、自らの果たすべき仕事（課業）を理解し、仕事に励むものという考え方が主流だったのです。

しかし個人に任せすぎると、目標を低く設定しがちになる、身勝手な目標設定になる、個人目標と組織目標が乖離したものになりやすい、といった悪い作用が出てくる場合があります。最悪の場合には、目標管理が仲良しサークル活動になってしまう危険すらあるのです。人間中心のアプローチが甘えのマネジメントになってしまうということです。「言わなくても分かるはずだ」「何もそこまで縛らなくても」「いちいちチェックしなくてもやっているはず」と、悪い方向に人任せになってしまう場合もあるので注意が必要です。

③両立を目指す目標管理

目標≒ノルマ。目標は、本人が自ら納得して設定するものとしながらも、その目標は組織目標と一体なものにして、組織の活性化と成果を同時に求めるタイプです。トップダウンの目標と、個人が自主的に決めたボトムアップの目標とを鉢合わせにして、お互いの整合性を取り両立させるように進めるものです。「二兎を追うものは一兎をも得ず」になりかねないと思われるでしょうが、今日的な目標管理はこの両立を目指しています。課業指向型と人間指向型を両立させることで、自主的な行動を促し組織能力の向上を図り、その結果として企業成果に結び付けることを目指すのです。スターバックスの目標管理は、このタイプのものと言えます。

組織目標から個人目標へ

目標管理を導入して期待通りの成果が発揮できるかどうかは、「良い目標」と「正しい動機付け」ができているかによって決まります。

良い目標とは、

❶個人目標と組織目標とが結び付いたものであること
❷達成すべき成果、到達点を具体的に示したものであること
❸到達度や進捗状況をモニタリングし評価できる指標があること
❹適正水準の妥当な目標であること
❺組織内あるいは上長と部下が合意の上に決定した納得性のある目標であること

❻変化をもたらす重要なツボとなる項目に絞り込まれていること

などが挙げられます。

一方、**正しい動機付けとは、一言で言えば〝やる気〟があるかということです**。目標への関心や目標達成への執念、執着がなくては、どんな良い目標も達成されることはありません。目標管理は、トップダウンアプローチが基本です。しかし、伝達によってだけでは人は動きません。対話による合意なくしては、自主的にやる気をもって奮起する気持ちや意欲は生まれません。

良い目標作りと正しい動機付けは、別々に考えるものではありません。目標設定の場に参画させて合意を形成し、目標作りに深く関与させることこそ動機付けには効果的です。

従って目標管理を成功させるには、個人目標を作る前に、会社としてあるいは当該組織部門としての目標作りに個人を参画させ巻き込むことがポイントの1つとなります。

組織全体が、ベクトルを1つにしてゴールを目指す意識統一ができれば、次のステップである個人目標の設定フェーズで迷いや不整合が生じることはないはずです。それだけに組織目標をきっちり作り上げることが大切だといえるでしょう。

総論賛成・各論反対を打ち破れ

会社をもっと良くするために、現状を打破し変えていこうとすることに反対する人は少ないのですが、会社を変えるために自分の所属する組織、さらには自分自身が変わらなければならないと気付いたとき、人は少なからず躊躇したり抵抗を示したりします。〝総論賛成・各論反対〞という大きな壁にぶつかるのです。

「どうしてこんなに忙しい時期にわざわざ新しいことを始めなくてはならないのか」「苦労するだけでどうせ効果などないよ」「いつもと同じで、結局形骸化して有名無実の制度と化すだけだ」と、さも悟ったような言葉が出たり、自分が主体となって行動したりすることについつい ネガティブになります。

新しい変化の動きがなかなか進まないのは、目標管理でも業務改革でも結局のところ自分が変わることへの抵抗であり、ポジティブに立ち向かってやろうとする意識が薄いこと、また組織にこうした空気が蔓延しているところに原因があります。

トップがビジョンを掲げ、スタッフが優れた目標管理制度を作り上げても、主役である従業

【図表29】総論賛成・各論反対

変化に対して多くは…総論賛成・各論反対

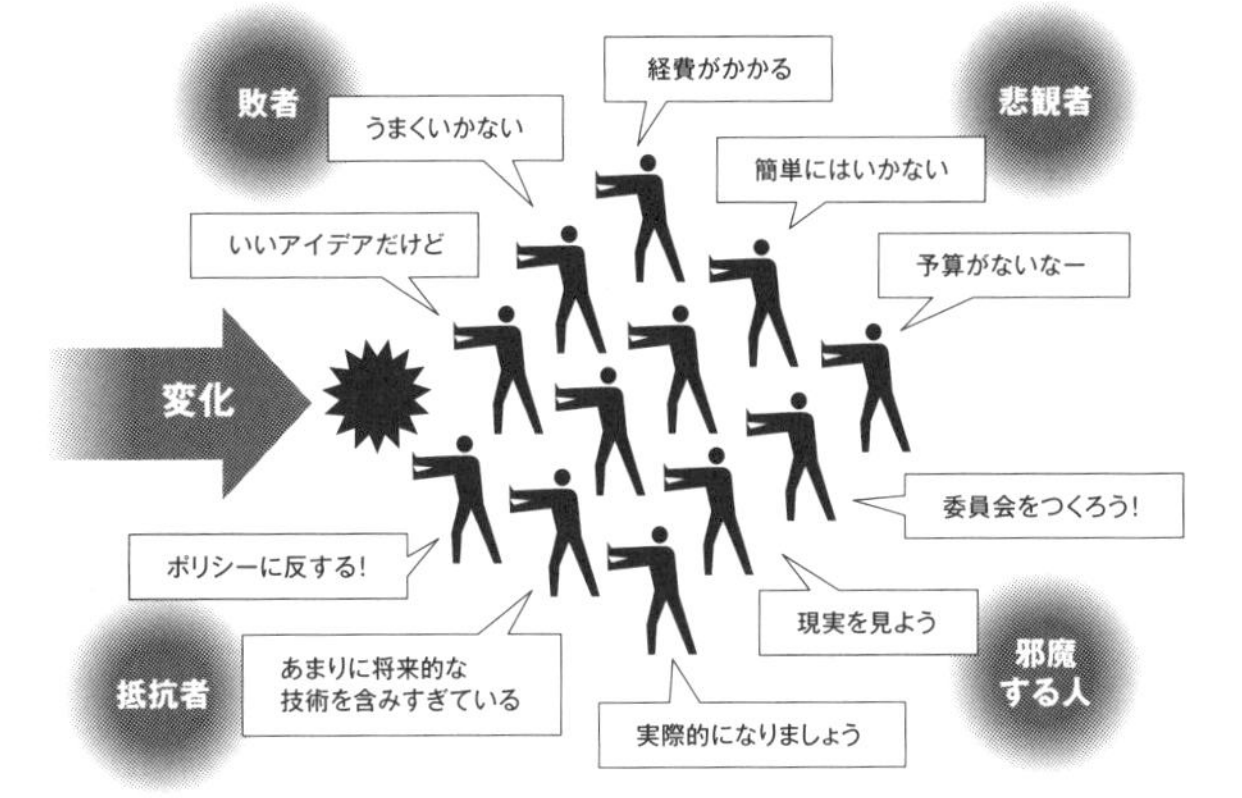
敗者
うまくいかない
経費がかかる
悲観者
簡単にはいかない
いいアイデアだけど
予算がないなー
変化
委員会をつくろう!
ポリシーに反する!
現実を見よう
邪魔する人
抵抗者
あまりに将来的な
技術を含みすぎている
実際的になりましょう

員がやる気になって動かなければ、優れた理念や制度も張子の虎と化してしまいます。従業員は上司の背中を見て行動するものです。その意味で、目標管理の展開はリーダーの意識改革から始めるとよいでしょう。

目標管理を制度として導入するには、仕組みやルールを決めて制度としての骨格を作ることも大切ですが、その前に意識改革をどのように進めるか考えなくてはなりません。

その意味で、スターバックスで行っているように、入社した段階から理念やイデオロギーを伝え、共感を得て浸透させるという方法は実に的を射ており、このステップなくして目標管理を導入しても、なかなか前に進みません。

目標管理は、仕組みやテクニックよりも理念ややる気を大切にする制度です。技術的制度であれば、マニュアルによって決められた通りの手順とルールに従って仕事をすることで、一定の結果は得られます。技術的制度はプロセスを重視するのです。

目標管理は、制度としての仕組みや決め事はありますが、実行する一人ひとりの考え方が結果に大きく影響します。従って、目標管理の導入には、社員の意識に訴えることから始める必要があります。

適切な目標を設定する

目標管理でいう〝目標〟とは、夢でもなければビジョンでもありません。もっと日常の業務に密着した目標です。目標をスローガンと間違えてはいけません。また、とてつもなく現状とかけ離れた困難極まりない目標を掲げたり、与えたりしても、掛け声だけに終わってしまいます。

部下にやる気を持たせたり部下を育てたりする目的ならば、戦わずして戦意を喪失するような目標の与え方は、上司として賢い方法とはいえません。

確かに「死中に活を求める」という場合もないわけではありません。それくらいに追い込んで初めて本来の力を発揮する場合もあるかもしれませんが、普通の人にはなかなかできることではありません。一般的には、**ぎりぎりの線で背伸びしてつかみ取ってやろうと、達成意欲の湧くような目標が望ましい**のです。

これを**ストレッチゴール**といいます。もう少しで届きそうだと爪先立ちで背伸びしてつかみ取るような目標のことです。

大投手だった村田兆治氏は、「あまりにも遠いところに目標を置くと、自分の非力を思い知らされるだけだろう。精一杯手を伸ばせば届くところにあるマトを目標とする方が達成可能で望ましいのではないか。もう一つ努力を重ねれば、求めるものを手にすることができるからである。高いところに目標を置くことはとても大切なことであるが、実現不可能な目標は意味がない。達成可能だから目標が自分の励みになるのであって、逆立ちしても手に取ることのできない目標ならば、絵に描いた餅に終わってしまう」と語っています。

しかし、手が届きそうであっても、パート、アルバイトの人には目標が高すぎて重荷になってしまうことがあります。

ベビーステップという言葉がありますが、小さな成功体験を積み重ねることで、目標をクリアすることの楽しさや自信を植え付け、目標にチャレンジすることが楽しいと思えるようにリーダーは考えながら目標を設定していくことが必要でしょう。

また、目標も与えるというよりも、互いに合意に基づいて決定することを重視し、部下が自分から目標に対してコミットするようにすることで、与えられたものではなく、自分の目標であるとの意識が高まり、積極的に目標にチャレンジしようとする姿勢が見られるようになるはずです。

元マラソン選手の高橋尚子氏は、「長い階段は、一気に上ろうとすると、途中でへばってしまう。でも一段ずつ確実に上っていけば、時間はかかっても、やがてはちゃんと頂上まで上がることができる」と語り、オリンピック優勝というとてつもなく壮大なゴールでも、身近な目標を着実に一段一段上り続ける努力の重要性を教えています。ビジネスの世界でも同じことが言えるでしょう。

評価の方法と考え方

目標管理の活動結果の評価は、「達成度」「貢献度」を中心に行いますが、実際には、「難易度」によって達成度や貢献度が変わりますし、「重要度」という観点も忘れてはなりません。

また、成果に結び付かなかったものの、「行動」や「努力」といった面で評価に値する場合もあります。これらの要素を勘案し完璧な評価を行うことは困難ですが、評価制度を作る上でのポイントだけは押さえておく必要があります。

①達成度を基本に重要度と難易度を考慮する

目標設定シートの設計段階でも考えておくべきことですが、それぞれの目標に対して難易度と重要度を設定し評価します。難易度を設定することで、各人、各目標の高さをそろえて公平にするのです。例えば、店長が売上予算の達成度を競ったとしても、地域の競争条件や事業者の持つ経営資源など、外乱条件（自社の内部努力だけでは解決できない天変地異、災難など）や制約条件（法律や規制、人・物・金などの経営資源の状態や、株主などの利害関係者により制約を受ける条件）により条件は異なります。難易度ではこうした諸条件や設定した目標の到達レベルを勘案します。

重要度は、組織目標に対してどれだけ貢献しているかということです。評価段階では、目標達成度にこの難易度と重要度を乗じて評価を決定します。例えば、目標達成度が100％で難易度が80％、重要度が80％とすると、最終達成度の評価は64％となります。

②結果だけでなく行動や努力を認める

本人の活動プロセスにおける創意工夫やそこでの努力を無視して、達成成果だけをメジャラブルに評価するというのも問題があります。感情に流される傾向は否めませんが、達成度評価に行動や努力に対する評価を加え修正することも必要です。その修正も直接結果を書き換えてしまっては、せっかくの評価が台なしになりますから、結果とは別に結果に至るプロセスの中で本人がどのような努力や行動を示したかを密に評価します。スターバックスで重視しているコンピテンシーは、結果に至るプロセスの中で、本人がどのような行動を取ったかをミッションに照らして評価しています。

③評価は目標管理成功の鍵を握る

評価を間違えば、すべて台なしになります。評価については慎重に考え設計し運用しなければなりません。特に大切なことは、透明性、公平性、納得性を重視することです。口で言うのは簡単ですが、実際はそれほどたやすいことではありません。

数値目標であれば結果は明らかで評価もしやすいのですが、スターバックスでも行っているように、数値化の難しい定性的な目標を評価するところで、公平性や納得性の高い評価を行うことが最も苦労するところです。それだけに、評価制度そのものよりも、評価尺度をそろえたり、考課者のスキルを高め評価する者のばらつきを抑えたりする考課者訓練が必要になります。

④人事制度との連動を考えること

士気を高め目標管理を定着させ継続的な成果を期待するには、個人が正しく評価されることと、達成成果に対して正当なリターンがあることが求められます。その意味で、人事としての評価制度が、昇給などの報酬制度や昇級・昇格とどのように関連しているかを明確に示さなければ、人事制度に対する透明性は高まりません。報酬制度については、評価制度とリンクしたシステムを作ることは比較的容易ですが、とかく問題になるのは昇格人事や降格人事です。今日のように厳しい経営環境になると、組織を動かすと会社が変わるような錯覚に陥ることが多く、昇格・降格人事の納得性が問題にされ、企業の中に不信感が生まれることも多いように思います。

成果の評価ステップ

目標管理は、自己統制が原則ですから、最終的な総合評価についても自己評価から実施することで自己啓発を促すようにします。評価シートには、結果の事実、行動と努力、また目標管理過程で得られた目標以外の成果、さらに反省と今後の目標を記載します。

しかし、自己評価となると自分に甘い人、厳しく評価する人などさまざまですから、「こんな感じかな」とか「こんなもんでしょう」といった感覚的なものになったり、言い訳のオンパレードや自画自賛で終わらせたりしないように、あくまでも事実に基づいた評価を行うことが肝心です。

それでも個人の裁量による差が出ることは否めませんから、自己評価が終わった後には、上長との話し合いの場を持たせます。すなわちこれがフィードバックです。話し合いでのポイントは、次の4点です。

❶事実を確認し合うこと
❷成功を褒め賞賛すること
❸失敗や未達成項目、障害について反省し合うこと
❹次のチャレンジ目標について話し合い励まし合うこと

また、部下と上長の評価のズレを少なくするために、総合評価はシンプルにしておくのがよいでしょう。ABCの三段階評価あるいはそれにプラス・マイナスを加える程度にします。例えば、10段階の評価となると、部下と上長の判断のズレが発生しがちになります。単純すぎると思われるでしょうが、お互いの認識を合致させるにはシンプルである方が望ましいのです。

また、スターバックスが上位職者を対象に行っている360度多面評価も、特定の立場の評価者の先入観や価値観、被評価者との関係やその業務のかかわりの密度により偏りがないように、上司のほかに他部門の管理者、同僚、部下あるいは取引先など、多様な側面から評価を行うことで、評価精度を上げるのに効果的です。

成果を上げる目標の勘所

行動にはすべて目標がついて回ります。この目標が明確に示せないと、教えられる側がどのような状態を目指せばよいか迷ってしまいます。

明確なゴールが示され、そこまでの道のりがはっきりと見えたときに初めて「よしやってやろう」という気持ちになるのです。そして、やってできたことが自信となり、その体験がやる気を作ります。

ですから、従業員のやる気を高め、持てる力を引き出すには、目標（ゴール）の設定がきわめて重要なのです。上司の目標の与え方いかんで、会社全体がやる気に満ちあふれもしますし、逆に無気力になる危険もあります。それでは、どのようにして目標の設定をすればいいのでしょうか。

目標作りに必要な5つの要素の頭文字をとった「SMART」という考え方があります。

①Specific：明確で具体的な目標を設定すること

「買いやすい売り場を作ろう」とか「フレンドリーなサービスを心がけよう」というものを目標として掲げる店があります。心がけとしては良いのですが、目標としては具体性に欠けています。もう一段掘り下げて、「買いやすい売り場作りを実現するために欠品をなくそう」というように、できるだけ行動に直結する具体的な目標を作ります。

②Measurable：測定可能であること

目標を達成できたかどうかを判断したり、その達成状況や進捗をチェックしたりするためには、目標自体が定量的に測定できるものであることが望まれます。例えば、欠品をなくそうということに対しては、欠品期間というメジャーで判断できます。

③Achievable：達成可能で妥当性があること

根拠もなく、逆立ちしてもできもしないような目標はスローガンに等しく、真の目標とはいえません。

目標は、低すぎては意味がありませんし、あまりにも現実離れしていてはチャレンジする前にあきらめてしまいます。ストレッチゴールのように、背伸びをして届くか届かないかのぎりぎりの線に目標を置き成功体験させることで、次のステップに上らせるのがベストな方法です。

④Relevant：成果につながる重要なツボであること

ここでいう成果とは組織にとっての成果です。いくら立派な目標であっても、それが組織の目指すものと離れていては意味がありません。組織の一員として仕事をしている以上、個人の目標は組織の目標へ、組織の目標は会社全体の目標へつながり、その成果と結び付いていなくてはなりません。

⑤Trackable／Time-bound：追跡可能であること／期限が明確であること

組織の中で目標に向けて活動している以上、上司は状況を常にモニタリングし、適時必要な支援を行わなければなりません。そのためには、目標の達成状況や活動状況を追跡可能にする必要があります。

以上、SMARTの考え方を紹介しましたが、良い目標の特徴を思い出させる上で役に立つはずです。しかし、すべてを兼ね備えた目標作りに縛られるのは現実的ではありません。特に、製造業などと違って人を相手とする仕事では、定量的に捕捉することに縛られると本来大切にすべき重要なポイントを見失う場合もあります。この5つは、あくまでも抑えておくべき1つの理屈と考えた方がよいでしょう。

繰り返しになりますが、

❶個人目標と組織目標とが結び付いたものであること
❷達成すべき成果、到達点を具体的に示したものであること
❸到達度や進捗状況をモニタリングし評価できる指標があること
❹適正水準の妥当な目標であること
❺組織内あるいは上長と部下が合意の上に決定した納得性のある目標であること
❻変化をもたらす重要なツボとなる項目に絞り込まれていること

が目標設定する上でのポイントです。

目標を作るというと、何か特別なことを考えなくてはならないと思う人がいるようですが、そうではありません。基本を極めることが何事にも勝る最良の手段であるように、基本を徹底して突き詰めて考えることは大変意義のあることです。

また、目標作りは常に続けられ継続されることが大切です。目標は一回作って達成できれば終わりという類のものではありません。年度目標、月次目標があれば、当然、週次、日次の目標へブレークダウンすることも大切です。

方針をはっきり示し計画させる

上司が部下を叱る際に、「俺はそんなことを言った覚えはない」とか、「もっとよく考えてみろよ」といった言い方をすることがよくあります。

確かにその上司の言う通りだと思う反面、もう少し明確に方針を示していれば、もっと違った結果になっていたのにと思うこともあります。

上司自身が「自分の考えはこうである」という方針を部下に対して明確にしておくと、部下はその方針に照らして判断し行動できるようになります。頼りになるリーダーとは、答えを教えてくれたり、助けてくれたりすることよりも、いつも言うことに一貫性があり筋道がはっきりしている人であるように思います。

さて、方針を明確に示したら、今度は具体的な組織目標を設定し、そのために何をどうするかという計画を作ります。

目標ができれば、そこへどうやって到達しようかと考えるはずで、それが計画です。夢に日付を入れるには、節目ごとの目標設定と道筋を作ることが大切です。リーダーは部下に、いつまでに、ここまでのことをやろうといった具体的な目標を適時与えてフォローする必要があるからです。

正しい動機付けを基本とする過程の管理

良い目標と行動計画を作っても、魂が入っていなければ何にもなりません。魂を入れるとは〝正しい動機付け〟のことであり、「やる気を引き出す」ということです。目標管理における過程の管理についての3つのポイントを考えてみましょう。

①指示・命令から任せる管理へ

上司が部下を管理するというと、「上司が命令し、部下はそれに服従する」というパターンが一般的です。部下の仕事のやり方とか手続きを逐次チェックすることこそ、部下が成果を上げる唯一の道であり、上司としての当たり前の役割であると考える人が多いようです。

部下には「君に任せた。頼むぞ」と言いながら、実質的には部下の一挙一動を細かくチェックし、仕事の細部にまで干渉し、指示・命令によって目標達成に導こうとする場合もあります。

しかし、それは目標管理の本来の姿ではありません。確かに上司は、部下の進捗に注意を払う必要がありますが、細かな仕事の進め方についてはできる限り口出しせず、部下の自己啓発と自己統制に任せます。放任であってはなりませんが、上司は干渉しすぎてはいけないということです。

上司は助言や指導を中心に行い、その進め方や方法など行動過程においては、部下を信頼し任せ、部下が主体的かつ積極的に活動するように動機付けていきます。

これが目標管理制度の管理過程におけるポイントです。何度も繰り返すようにスターバックスでは、パートナー同士の信頼関係により、任せて育てるという風土が根付いているからこそ、目標管理の運用もスムーズに行われているのだと思います。

②信頼関係作りは円滑なコミュニケーションから

信頼関係は、円滑なコミュニケーションから生まれます。コミュニケーションとは、自己認知と他者認知の差をなくすことで、その基本は情報を共有化し相互理解することです。上司は、必要な情報を部下に与え、部下にも正しく組織全体の状況が分かるようにします。「君は知る必要がない。余計なことを考えるな」といった態度で情報の壁を作っては、部下は信頼されていないと思い、やる気を失ってしまいます。

情報を共有することにより、信頼されているという気持ちが生まれ、やる気につながります。部下のやる気が高まれば、自然と自己統制できるようになりますし、部下に意欲が見られれば上長も安心して権限委譲し、部下の自由裁量に任せることができるようになるはずです。

もちろん、情報共有は上司だけが行うものではありません。部下には仕事の状況を適時報告する義務があります。お互いが情報によってお互いを知り合うことこそ、コミュニケーションの第一歩ということです。

③任せる管理の鉄則

任せるとは、権限を委譲するということです。口で言うのはたやすいのですが、実行するのは難しいことです。権限委譲とは、相手を信頼している証しであり、放任ではありませんし、任せることで責任がなくなるわけではありません。任せても最終的な結果責任は上司が負うのだということを自覚する必要があります。それだけの覚悟を持って任せるからこそ、任された側の部下はその重大性に気付き、責任を持った行動をとるようになるのです。

一方、部下は上司に安易に権限委譲を求める傾向がありますが、任せる側の上司の覚悟を知り、自分に仕事を任されるほどの力量があるのか自問自答すべきです。

そして、任せることを基本にした管理では、上司は指示・命令を極力少なくし、支援的な態度で助言や助力を中心に行います。

コンピテンシーの考え方

コンピテンシーとは何か

コンピテンシーの提唱者であるマクレランドは、知識や技術などの目に見える能力だけでは、業績などの成果と能力の関係を説明できないとし、高い業績を挙げる人をサンプリングし、彼らが何を考え行動したかの事実を洗い出し、その事実のうち成果に結び付いた要因を特定し、評価可能な尺度を作り上げました。この成果に至った要因、すなわち行動特性をコンピテンシーと定義したのです。

すなわち、「コンピテンシーとは、見えにくい能力がどのように発揮されれば、優れた成果を挙げるかを整理してモデル化した行動特性」です。

【図表30】氷山モデル

マクレランドの氷山モデル

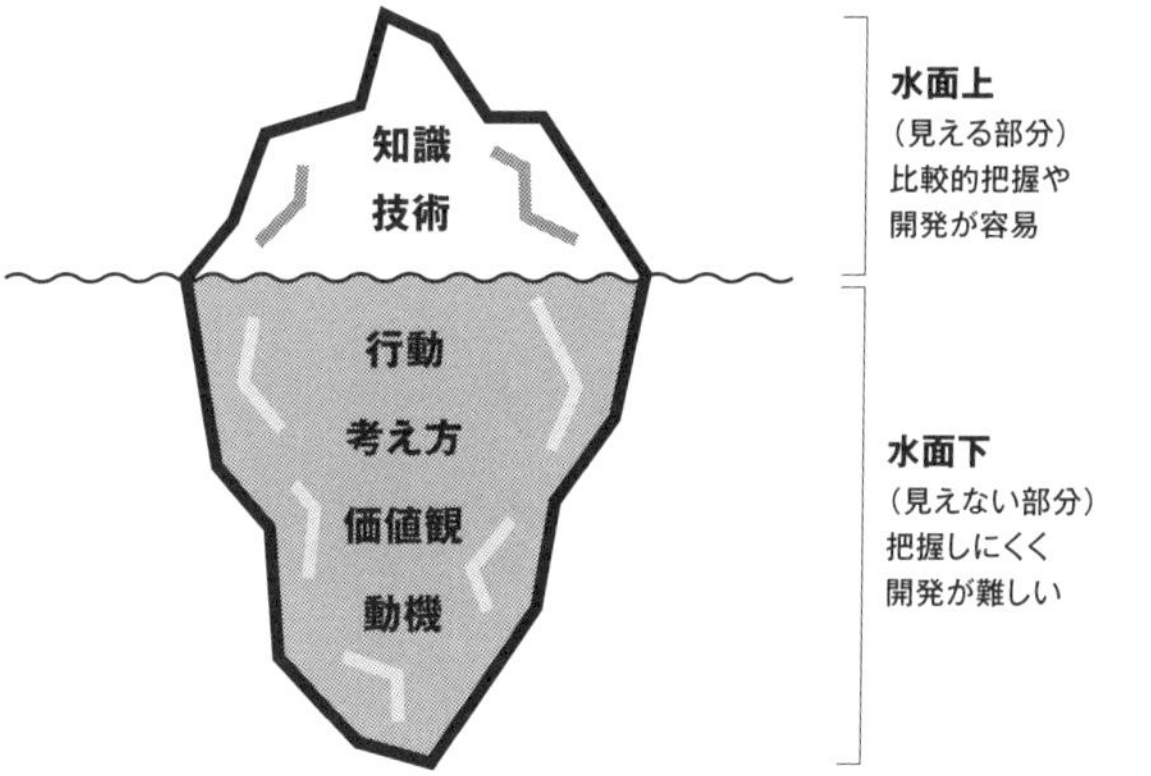

では、見える能力と見えにくい能力とはいったいどのようなものなのでしょうか。コンピテンシーについて説明したマクレランドの「氷山モデル」で説明しましょう。氷山は海に浮かんでいますが、水面から出て目に見える部分は、氷山全体のごくわずかです。目に見える部分の約8倍もの塊はまだ水中に隠れています。マクレランドは、「人間の能力は氷山のようなものである」と言い、人間の能力は、氷山のように目に見えない部分の影響力が大きいとしています。

目に見える部分とは知識や技術であり、把握がしやすく経験を積むことで能力を磨いたり蓄積することができます。

一方、水面に沈んだ部分は、動機、考え方、性格、価値観、行動などであり、なかなか見えにくい上、能力開発も難しい部分です。この氷山の水面下にある部分をコンピテンシーであると説明しています（広義には氷山全体をコンピテンシーと定義し、水面上と水面下を分けて水面下を狭義のコンピテンシーとします）。

職能とコンピテンシーの違い

日本企業が行ってきた職能の中にも、確かにコンピテンシーに当たるものは多くありました。しかし職能評価の中心は、「○○できること」「○○があること」であり、その意味の中には多分に、できる可能性や希望的観測が入ることが多くあります。例えば、「彼は○○大学の○○学部だからできるはずだ」という希望を込めて「彼は○○できる」となってしまうことがあるのです。

一方、コンピテンシーは、成果に結び付いた行動特性のことで、過去形の「○○した」とか現在進行形で「○○している」とかという行動の事実によって評価を行います。従って、職能とコンピテンシーの違いは、職能がどちらかといえば目に見えやすい知識や技術中心で「できること」で能力を評価しているのに対して、コンピテンシーの場合は目に見えにくい価値観や動機などの中で、具体的に成果に結び付いた、あるいは結び付く行動によるものであるという点が相違点になります。

あるチェーンストアに伺ったときのことです。人事部のマネジャーは私に対して、「昔はあるべき店長像そのものともいえるモデルとなる店長が目の前にいて、その人に近づくように行動を真似することでみんな成長していったのです」と言っていました。

まさに、目の前にコンピテンシーそのものが実体として存在してきたということです。ところが、こうしたカリスマ店長が少なくなったと嘆いていました。

それは、仕事の中身が複雑になったことや、必要とされる知識が幅広くなったことにより、一人の店長が何もかも把握して見本となるような行動をとることが難しくなったためです。

このようなカリスマ店長のコンピテンシーを明確にすると、今までの職能との違いが見えてくるはずです。

コンピテンシーは成果責任から作られる

そもそもコンピテンシーを明確化して能力を磨き、それを評価する理由はどこにあるのでしょうか。コンピテンシーは、成果に結び付く行動特性のことでした。どんなに能力を磨いてもそれが成果に結び付くものでなければ、企業にとって何の役にも立ちません。

従ってコンピテンシーを明確化するには、まず企業が求める成果をはっきりさせ、そのために必要な行動を考えるというアプローチが不可欠です。

この企業が求める成果のことを「アカウンタビリティ」といいます。日本語では「成果責任」と訳しています。仕事という活動を通して目指す成果のことです。

スターバックスが求めるアカウンタビリティは、ミッションステートメントそのものです。そこに記された六カ条こそが成果として求めるものであり、パートナーに課す責任としているのです。

この求められるアカウンタビリティに対して必要とされるコンピテンシーは、仕事の内容によって異なります。職種や職務に応じた明確なコンピテンシーをアカウンタビリティから作り上げることができれば、個々人がその持てる力を発揮するには何を磨かなくてはならないかが明らかになります。また、今まで以上に適材適所の人事にも役立つはずです。

個々人の能力を引き出すことができるようになることも、適材適所の人事を行うことも、企業や組織、個人の成果達成にとって必要不可欠なものです。前段で説明した成果主義に関する解説の中でコンピテンシーに触れてきた理由もここにあります。

コンピテンシーは企業や仕事の内容によって異なるものですが、その決め方で共通していることは、経営理念や企業戦略、経営目標からブレークダウンして、その達成に向けてのアカウンタビリティから考える、ということです。

会社の求める成果に結び付かないような能力、あるいは顧客に支持されないような行動は控えた方がよいでしょう。何が重要で必要かを考えるには、経営目標に鑑みてアカウンタビリティを明確にした上で、コンピテンシーを考えることが大切です。

その意味で、スターバックスのコンピテンシーの考え方は実にしっかりしたものといえます。

おわりに

求められる変化への対応

あるチェーンストアで社員研修をお引き受けした際、会社の方針を確認するため社長にお話を伺ったときのことです。

「われわれはチェーンストアの基本を大切にしてきました。そのかいあって大きく成長し今日があるわけですが、バブル崩壊にリーマンショック、東日本大震災にコロナ禍等々、予想だにしなかった事態に見舞われ、さらに、マーケットの縮小とオーバーストア問題、そして人手不足に働き方改革など、取り組むべき課題は山積しています。何度も原点に立ち返り基本から見直してきましたが、これまでと同じやり方では限界があります。われわれは、これからもチェーンストア理論を基本にした運営をしますが、それだけでは駄目です。結局、商売は店対店の戦い。今までのように本部の言うことをただ黙って従っているだけの店では生き残れません。これからは、自ら考え意欲を持って行動する店長を育てなくてはならないと考えています」と、自主自律型の人材育成を強く望んでおられたことを思い出します。

特に印象的だったのは、その社長が理論派の方でありながら、理屈はさておき気概を持って店の運営に当たりなさいと、精神面でのポジティブな姿勢や心の強さを求めていたことです。

また、あるレストランチェーンの社長は次のようなことを言われました。「世の中が変わっているのに自分たちが変化しないのでは将来はありません。過去の栄光にしがみつき、昔を懐かしんでばかりいるような社員は不要です。長く勤めていれば順調に昇格・昇給できるほど、甘い時代ではありません。自分たちがもっと幸せになりたいと願うならば、もっと貪欲に高い目標を目指さなければなりません。そして、一人ひとりが、組織目標を強く意識して自己統制しながら成果を厳しく追及する執念が必要です。そのためには、今日の自分が明日には別人に変わっているくらいの変化が必要です」と言い、自分やチームがどれだけ変わることができたか、その〝変化率〟を強く意識させ社員にそれを求めていました。

このように、企業のトップは、今までの延長線上で時代の変化を見ているのではなく、先々を見通しながら大きな変化が押し寄せていることを察知し行動しています。だからこそ、今までの考え方にしがみついていては駄目だと自分を戒め、もっと自己変革を進めなさいと社員に檄を飛ばしているのだと思います。

日本は、人口の減少、少子高齢化の進展、世帯構成の変化など、過去にまったく経験したことのない構造的な変化が進んでいます。さらに生成ＡＩなど人の思考に近づく人工知能（ＡＩ）の研究開発が急ピッチで進み、経営環境は予想以上のスピードで大きな変化の波に巻き込まれています。

現在、人手不足と生産性向上への対応が社会問題化していますが、ＡＩやロボット技術などの革新と規制緩和によってドローンや自動搬送車が町を行き来する日もすぐそこにあり、仕事のあり方は大きく変わるものと思います。

以前、野村総合研究所が、オックスフォード大学との共同研究を行い、国内の６０１種類の職業について調べたところ、近い将来、日本の労働人口の49％がＡＩやロボットで代替可能になると試算しています。

こうした変化の中で、働く人は何に備えれば良いか、よく考えていかなくてはなりませんし、会社の考え方も人材マネジメントのあり方も変わっていかなければなりません。

これからは、会社が大切にする価値観に共感し、それを共有する人たちが集まる組織がより大切になると思います。従業員は、単なるマネジメントの対象ではなく、共に戦うパートナーとしての位置付けに変わってくることでしょう。

それは、単に権限委譲を進めて自主性を持って行動する組織を作るといったことではなく、経営と従業員がひとつとなって「権限の共同行使」を進める時代を意味します。

もちろん、責任についても同様で、指示されたことを淡々と進めていくという仕事が向いている人もいます。その一方で、経営に積極的に参画して会社を変えたい、目標を達成したいと「権限の共同行使」を求める人もいるため、そのような人には「責任の共同遂行」も併せて求められるようになります。

働き方改革が進む中、働く人の価値観も多様化し、それに伴い組織のあり方も個人に求められる能力も仕事の進め方も変わってくるはずです。

そのような人たちが増えてくると、今までのような人材マネジメントや人事制度ではマッチしにくいところも出てくるでしょう。

ウイスキーは、樽の中で熟成する際、樽の呼吸によって年間約2％蒸発するそうです。この事を、ウイスキーを作る人たちは、おいしいウイスキーを作る代わりに、天使がその分け前として少しずつ飲んでいると考えて、「エンジェルシェア（天使の分け前）」と呼んでいます。

人についてもシェアの考え方が大切になります。お互いが相互に依存し合い補完し合う関係が、仕事の遂行でも人材開発でも求められるようになるでしょう。

こうした動きの中で、企業は決めておかなければならないことがあります。人材育成を事業コストと見るか、競走上の優位性を生み出す源泉と考え、投資の対象と捉えるのか。もし、企業と従業員の関係を、権限や責任を共有し共に企業の成功を目指し戦う、戦略的な視点でのパートナーであると位置付けるならば、今以上に人材育成に対して投資が必要になるはずです。また、雇われる側の人たちも自分のアビリティやコンピテンシーを磨き、エンプロイアビリティ（雇われる能力）を高めることに一生懸命に努力する必要に迫られるはずです。

これからは、今以上に多くの分野で格差が広がる社会になるでしょう。やる気と能力がある人にとっては大きなチャンスとなりますが、目標を持たずに自分磨きを怠れば厳しい現実を突き付けられるかもしれません。それは、お互いフェアに選別される時代の到来を意味します。

最後になりましたが、私に増補改訂版発刊の機会を与えてくれた、総合法令出版株式会社に感謝申し上げます。また、初版を出版頂いた商業界に、この場を借りて謝辞を申し上げます。

2023年6月　毛利英昭

毛利英昭
（もうり・ひであき）

株式会社アール・アイ・シー代表取締役
ITコーディネーター／キャリアコンサルタント／産業カウンセラー。
東芝グループのコンサルティング会社で業務改革やシステム構築支援、社員教育などの分野で16年間勤務したのち独立。株式会社アール・アイ・シーを設立。
小売、外食業界や中小製造業、ITベンダーのコンサルティングと社員教育などの分野で活動。現在は小売・外食業界の専門誌も発行している。

だから、スターバックスはうまくいく。
スタバ流リーダーの教科書

2023年6月20日　初版発行
2024年10月11日　3刷発行

著　者　毛利英昭
発行者　野村直克
発行所　総合法令出版株式会社
〒103-0001 東京都中央区日本橋小伝馬町15-18
EDGE小伝馬町ビル9階
電話　03-5623-5121
印刷・製本　中央精版印刷株式会社

落丁・乱丁本はお取替えいたします。

ISBN 978-4-86280-907-0
総合法令出版ホームページ　http://www.horei.com/